中国古代教育智慧
ZHONGGUOGUDAIJIAOYUZHIHUI

传习录
的教育智慧

漆宇勤 著

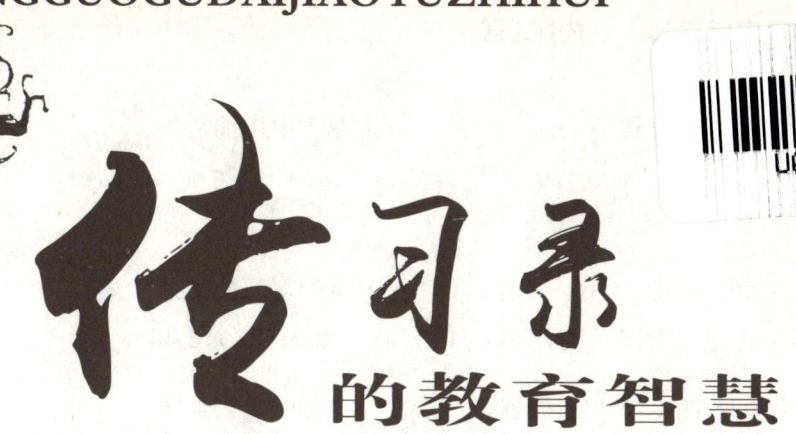

中国商业出版社

图书在版编目（CIP）数据

传习录的教育智慧 / 漆宇勤著 . -- 北京：中国商业出版社，2018.7
ISBN 978-7-5208-0343-4

Ⅰ. ①传… Ⅱ. ①漆… Ⅲ. ①《传习录》—研究②教育思想—研究—中国—明代 Ⅳ. ① B248.2 ② G40-092.48

中国版本图书馆 CIP 数据核字（2018）第 095974 号

责任编辑：王彦

中国商业出版社出版发行
010-63033100　www.c-cbook.com
（100053　北京广安门内报国寺 1 号）
新华书店经销
天津兴湘印务有限公司
* * * * *
710 毫米 ×1000 毫米　1/16 开　11.25 印张　125 千字
2018 年 8 月第 1 版　2018 年 8 月第 1 次印刷

定价：35.00 元
* * * * *
（如有印装质量问题可更换）

目　录

第一部分　王阳明的教育思想 1
　一、作者生平简介 3
　二、王阳明的教育思想 5
　三、王阳明教育思想的体现 9

第二部分　《传习录》的教育智慧 13
　一、《传习录》的结构 15
　二、《传习录》的教育思想 16

第三部分　《传习录》选编 27
　第一篇　徐爱引言 29
　　故事：张良拜师 31
　第二篇　徐爱录 34
　　故事：用心聆听 37
　　故事：王阳明知行合一 45
　第三篇　陆澄录 53
　　故事：志节丈夫苏武 54

故事：学无止境 ······················· 60

　　故事："三年不窥园"的董仲舒 ··············· 69

　　故事：心地善良的戴封 ··················· 74

第四篇　薛侃录 ························ 77

　　故事：过而能改的周处 ··················· 82

　　故事：明代五朝廉吏王朝 ·················· 89

　　故事：发贫乐道的陶渊明 ·················· 97

　　故事：忠恕之道 ······················ 103

　　故事：仁义之至的齐备 ··················· 111

　　故事：守正不苟当慎独 ··················· 118

　　故事：维新志士谭嗣同 ··················· 128

　　故事：从真诚开始的宋濂 ·················· 137

第五篇　门人黄直录 ······················ 140

　　故事：有志者事竟成 ···················· 145

第六篇　门人黄省曾录 ····················· 152

　　故事：孔子因材施教 ···················· 153

　　故事：王阳明的良知故事 ·················· 166

第七篇　《训蒙大意示教读》选编 ··············· 168

第八篇　《神而明之教约》选编 ················ 172

第一部分 王阳明的教育思想

一、作者生平简介

王守仁（1472年—1529年），号伯安，明代余姚（今宁波余姚）人。二十八岁登进士第，曾任刑部主事、兵部主事、吏部主事、南京鸿胪寺卿、都察院左佥都御史、都察院左都御史、南京兵部尚书等官职，受封新建伯。在平定宁王朱宸濠叛乱中立过大功，是一位学术上卓有建树、事业上勋绩显赫的人物。他曾筑室故乡阳明洞，又创办过阳明书院，自号阳明子，世称"阳明先生"。他是明代儒家心学的代表人物，也是宋明理学的重要代表人物，其地位仅次于朱熹。在继承和发扬陆九渊哲学思想的基础上，开创了自家思想学派，后世将他们的思想合称为"陆王心学"。其学说和思想在明中叶以后影响深广久远，远播海外。

王阳明从小接受儒家教育，闲暇时间也练习骑射兵事。弘治二年（1489年）在归余姚途中在广信（今江西上饶）拜见娄谅，听他讲授朱熹的"格物致知"论。三年后中举人，遍读朱熹遗书，潜心研究兵家秘书。弘治十二年（1499年）中进士，正值西北告急，于是便上疏关于"蓄材备急、舍短用长、简师省费、屯田足食、行法振威、敷恩激怒、捐小全大、严守乘弊"八事。弘治十四年（1501年）至安徽审查案件，在游九华山时，与道士谈仙论

王阳明画像

王阳明，明代著名哲学家、教育家、军事家、文学家和书法家，著有《阳明全书》。他创立"心学"，提出了"致良知"学说，在世界哲学史占有重要地位。他的著作由门人辑成《王文成公全书》三十八卷。

中国古代教育智慧

王阳明故居

王阳明故居位于余姚城区龙泉山北麓、阳明西路以北的武胜门西侧。王阳明就诞生于故居内的瑞云楼,并在此度过了童年和少年时代。

道。弘治十六年（1503年）初始于南昌创"致良知"学说,终完成"心学"体系。六月升南京兵部尚书,九月回到余姚,会七十四弟子于龙泉山中天阁,指示"良知"之说,十二月被封为特进光禄大夫、柱国、新建伯。弘治十八（1505年）年在北京与湛若水结为好友,同倡"圣人之学"。嘉靖六年（1527年）五月,受命平定广西思恩、田州之乱,第二年春天平定。时逢肺病剧发,上疏告退。1529年,北归途中,在江西南安青龙港舟中离世,享年五十八岁。葬绍兴兰亭洪溪。《明史》有评:"终明之世,文臣用兵制胜,未有如守仁者。"王阳明不但是一代文化大师,且善于领兵打仗,文治武功,勋业卓著,堪称一代名臣。

二、王阳明的教育思想

(一) 思想起源

我国的悠久历史与灿烂文化使许多思想流派互存并生,其中的和谐共生思想与中国的历史和文化同样悠久灿烂,而王阳明的中和互生教育思想的产生与发展正与这种渊源有密切的联系。

王阳明在地方从政和治军时,大办书院,广授门徒,在长期的教育实践中不断地丰富和发展了他的教育学说,提出了继"心即理""知行合一"说之后的"致良知之教",并创立了阳明学派,其门徒遍天下,流传逾百年。

王阳明的教育思想内容丰富,观点标新立异,自成一派,其独立的体系开启了一代学术风气。从总体上说,他的教育思想是为了矫正程朱理学的偏颇,以"整治人心"来挽救明王朝的政治、道德、教育危机,因时因势阐发。他也认为自己的学说和理想主张是拯救时政的,而程朱理学的教育哲学,"析心与理为二""外心以求理",在思想上带有一种明显的唯心主义倾向,在教育实践上也只是"空口讲说"之章句支离的末学,因此认为"以学术杀天下"是造成明王朝士风衰败的重要原因,使得"功利之毒沦浃于人之心髓",从而导致政治、道德和教育的危机。针对程朱理学教育的偏颇流弊,他指出必须要重振孔

传习录的教育智慧

王阳明帮居全景图

在王阳明死后三十八年,即隆庆三年(1569年)五月,有正义感的官员联名上疏,请为王阳明恤典。穆宗诏赠王阳明为"新建侯",谥"文成",赐铁卷诰命。

中国古代教育智慧

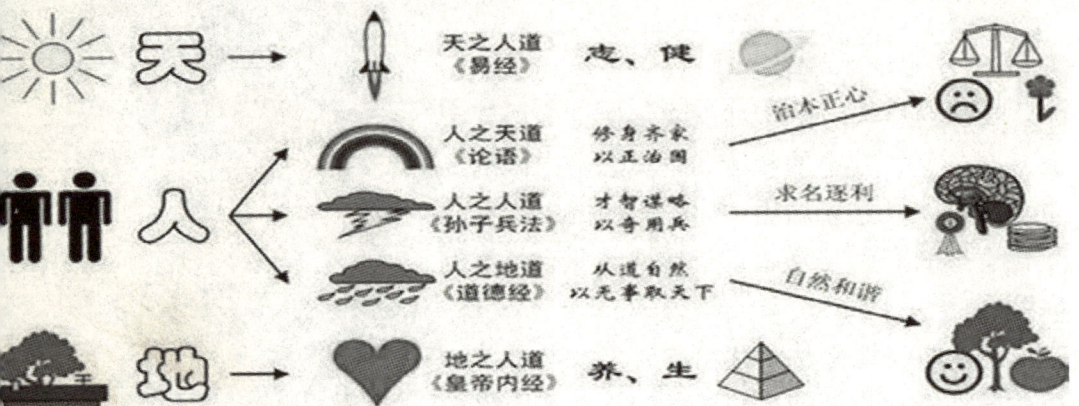

天人合一

《周易》是我国最古老、最权威、最著名的一部经典，是中华民慧的结晶。《周易》最早建立了"天人合一"的宇宙观，这一概念对后世影响巨大而深远。"天人合一"是易学甚至整个中国传统文化的核心概念，之后似乎又成为中国古代所有思想的核心，并在相当大的范围内被赋予人与自然和谐、保护环境、可持续发展等意义。

孟之道，突出伦理本位，扭转空疏学风为实德实行的"实学"，重建新儒家教育学说，以维护封建道德的纲常礼教和明王朝的封建统治秩序。

（二）王阳明思想的核心

第一，天人合一论。这种思想源于我国最古老的一部文化典籍——《周易》，其基本思想就是天道与人道的和谐统一。首先，自然规律是协调有序的，如天地运转、日月并明、四时循环等都呈现有序状态；其次，人是自然系统的一个组成部分，所以人道应当服从"天道"；最后，人道也就必须和谐统一，遵从天道的规律。这是王阳明教育思想的核心内容和哲学基础，也是"知行合一"的理论基础。

所谓"心即理"，作为"知行合一"的理论基础，主要是讲人的心性即是人的本质，是与伦理道德有关系的认为人的本质是由先天的道德理性来体现和表达的，这种理性即是"心"，"心"的本体和作用只要顺其自然、不过分在意，就是"天理"。外在的客观的道德规范与行为等，都是"心"在作用和表现的结果，也由此他进一步提出了主观与客观、感性与理性、动机与效果、知识与德行、心理与伦理等道德实践的载体，即个人身上完全得到有机统一的"知行合一"说。

所谓"知"，强调的就是对道德理性和道德价值及其作用的认识，其中包涵了道德实践载体的道德意识、选择、判断以及自我良知的觉醒。所以王阳明所讲的这种"知"，有别于朱熹所讲的对儒家经典和对道德规范等外在知识的认知。也就是说，王阳明所指的"知"是一种超越经验、超越知识范围的内心的体会和认同，而不是通常所说的表面的感性认识，因此他称这种内心对德性的体会和认知为"真知"或"良知"。

而"知行合一"的"行"，不是指对知识技术的运用，也不是指生产实践和社会实践，而是指个人的道德实践和行为举止。他认为道德的"真行"应当以对道德"真知"为起点，其中包括道德实践载体的从"一念而发"到由良知支配下的一切心理活动，以及由这种心理向外延伸的一切道德实践活动。王阳明和谐教育思想的一项理论基础即是这种"天人合一"论，他将这种思想积极的意义和进步的思想运

知行合一

明武宗正德三年（1508年），心学集大成者王守仁在贵阳文明书院讲学，首次提出知行合一说。所谓"知行合一"，不是一般的认识和实践的关系。"知"，主要指人的道德意识和思想意念。"行"，主要指人的道德践履和实际行动。因此，知行关系，也就是指道德意识和道德践履的关系，也包括一些思想意念和实际行动的关系。

> **和合论**
>
> "克明俊德，以亲九族。九族既睦，平章百姓。百姓昭明，协和万邦。"出自《尚书·尧典》，这几句话是和谐概念的最早源头，从中可以了解中国文化最根本的东西。这是尧治国平天下的根本战略。就是选德才兼备的人执政，把血缘大家族团结起来，这样社会的基础就稳固了。一个姓是一个大族，百姓就是一百个大族，进一步是协和万邦。这协和就是和谐。舜根据"协和万邦"进一步提出一个核心价值观，就是和谐。和谐能把中华大地上的民族融合起来，成了一个和谐体。

用到教育上，并结合自己的教育实践进行了整合与扩充。

第二，和合论。"和合"是我国独创的一种哲学观念、文化观念。早在先秦时期，这个观念即已出现。我国最早的古文献记录中即提出了"和合"的理想模式："克明俊德，以亲九族。九族既睦，平章百姓，百姓昭明，协和万邦。"而且，儒家、道家、佛家都采用这一观念，以此来概括各自的思想宗旨。一般说来，"和"指异质因素的共处，"合"指异质因素的融会贯通。合起来看，"和合"论的基本精神，就是在处理事物内部或外部的关系时，必须保持和谐。这种观念影响了王阳明对教育的思考，他由此进一步得出：教育就是要使人获得全面和谐的发展。王阳明认为，对学习者来说，教育就要"开其知觉""调理其性情""发其志意"或"导之以礼"，亦即要使受教育者的知、情、意、行得到协调统一的发展。同时还要进一步以这种教育思路"动荡其血脉""固束其筋骸"，亦即使身心也要处于和谐发展之中，最终"人于中和而不知其故"。他指出：这种使人获得和谐发展的主张，乃是"先王立教之微意"，也就是我国自古以来兴教育人的根本目的。

三、王阳明教育思想的体现

王阳明的教育思想的核心是"心即理""知行合一""致良知"。王阳明的这种和谐教育思想体现了非常独特的教育观,他的很多教育观点和方式都着这种思想。

(一)对儿童教育的影响

王阳明的和谐教育思想最显著的体现是在他对儿童教育的建议上。他认为封建传统教育约束、压抑儿童身心发展,他批评当时的儿童教育存在三大弊端:只注重死板的记忆,不重启发思维和想象力的培养;注重消极防范,不重积极诱导;采用体罚的教育方式,只会摧残儿童的身心。他认为这样会使儿童"视学舍如囹狱而不肯入,视师长如寇仇而不欲见",会导致儿童身心向着僵化、单一的方向发展而不懂变通。他认为正确的童蒙教育应该从儿童"乐嬉游而惮拘检"的心理特点出发,通过"诱之歌诗""导之习礼""讽之读书",培养儿童的道德情感,启发儿童的心智,增强儿童的身体发育,这样"必使其趋向鼓舞,中心喜悦",以达到"自然日长日化",这样才能使儿童德、智、体、美等各方面均衡健康地发展。

王阳明从"快乐是人心之本"的观点出发,反对当时封建传统对待儿童"鞭挞绳缚,若待拘囚",主张教育儿童首先要从积极方面

王阳明像

王阳明把自身十多年的讲学经验和"致良知"的哲学观点结合,形成了较为完整与独特的教育思想体系。特别是在儿童的蒙学教育方面,根据儿童年龄特点,针对当时儿童蒙学教育的弊病,提出了许多独到的见解和适合儿童身心发展的教育主张。

中国古代教育智慧

王阳明讲学遗址

入手,要顺应儿童性情,鼓舞儿童兴趣,培养其"乐学"的情绪。在教学方法上,要采取"诱""导""讽"的"栽培涵养之方";在教学内容上,要发挥诗、书、礼等各门课多方面的教育作用;在教学安排上,要注意教学活动以多种形式搭配进行;在学习内容和次序的安排上,规定"每日工夫,先考德,次背书诵书,次习礼或作课仿,次复诵书讲书,次歌诗",这样动静搭配,来使儿童是"乐习不倦"。这样才能真正促使儿童的个性全面、均衡地发展。

(二)对师生关系的定位

王阳明极力提倡学生"师谏"。他反对传统的师道威严,尤其反对限制和束缚学生个性发展的教育模式,主张师生之间应以平等的朋友之谊相待,倡导学生对老师直言相谏,批评教师知识范围的失误,这样能够使师生双方都能得到提高,他指出"凡攻我之失者,皆我师也,安可以不乐受而心感之乎?某于遭未有所得,其学卤莽耳,谬为着者从于此,每终认以思,恶且未免,况于过乎?事师无犯无隐,而遂谓师无可谏,非也:谏师之直不至于犯,而婉不至于隐耳。使吾而是也因以明其皋,吾而也,因得以去其非,盖教学相也。"除此之外,他还提倡建立和谐的师生关系。王阳明经常与众弟子欢聚宴会,席间师生谈笑风生,无拘无束,一起表演节目,或演奏乐器,或舞蹈歌唱,或即席赋诗,体现了亲密无间、欢乐融

传习录的教育智慧

洽的氛围。

从王阳明对待学生的态度上可以看出,他将师生关系定位在一种平等、民主的位置上。他认为教育的目的是要真正促进学生个性全面、自由地发展,因此平等、民主、和谐的师生关系的建立是必不可少的前提。并且他还真正做到了身体力行,通过自己平时言传身教来深深地感染和教育学生。那么,师生之间亲密无间、融洽和谐的关系,使学生能无拘无束、自由尽兴地展现自己,达到个性自由舒展的教育目的。他提出师权的绝对权威是教育的一个败笔,师生之间要民主、平等,才能促进学生自由、全面、和谐地发展。在这一点上,王阳明打破了当时封建传统教育思想的束缚,是非常大胆和有独创意识的教育思路,对今天的教育改革有着非常深刻的影响和启发意义。

王阳明及弟子群塑像

1508年,王阳明千里迢迢来到贵州龙场(今修文)任驿丞。王阳明谪居龙场三年,潜心悟道讲学,成就了他著名的"心即理"和"知行合一"学说,并萌发"致良知"思想。图为王阳明和黔中弟子讲学论道图。

第二部分 《传习录》的教育智慧

一、《传习录》的结构

《传习录》分上、中、下三卷,卷上是王阳明讲学的语录,卷中主要是王阳明写的七封信,卷下是部分语录和《朱子晚年定论》。全书由他的弟子徐爱、薛侃和钱德洪等编辑而成。该书表述了阳明心学的主要论点。《传习录》提出了"心外无物""心外无理"的命题,比如深山中的花,"你未看到此花时,此花与汝同归于寂,你来看此花时,则花颜色一时明白起来,便知此花不在你的心外。"由此强调客体存在价值在于认识主体的依赖作用。他主张从静处体验,在事上磨炼。《传习录》卷下一部分是讲学语录,另一部分是《朱子晚年定论》。依据部分朱熹的思想资料,说明朱子晚年与阳明心学是一致的。在卷中最有影响的是《答顾东桥书》(又名《答人论学书》)和《训蒙大意示教读刘伯颂等》,继承孟子的"良知"说,提出"致良知"的理论。着重阐述了"知行合一"和"致良知"理论,良知既是先天的道德天理,也是七情的自然流行,致良知便是推致实行良知,做到知行合一。《朱子晚年定论》包括王阳明写的序和由他辑录的朱熹遗文中三十四条"大悟旧说之非"的自责文字,旨在让朱熹做自我批评与自我否定,证明朱熹晚年确有"返本求真"的"心学"倾向。

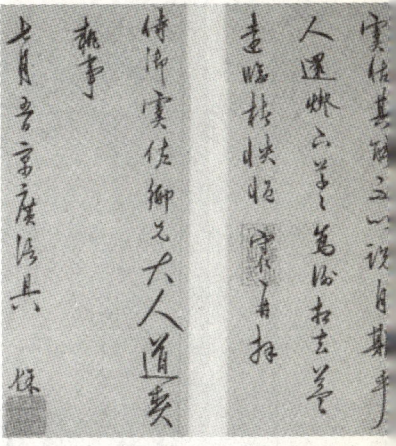

《传习录》手迹

王阳明善诗文,工书法,流传作品有《七言绝句》《七言律诗》等。《七言绝句》行草作品,潇洒秀逸,流畅圆转,用笔劲健老辣。《七律寿诗》为天香楼王氏家藏,其书法挥洒自如,爽直风健。

> **王阳明教学**
>
> 王阳明教学，十分重视德育。他说教育的目的是"明伦"，要学生以圣人为目标，学做圣人。他重视培养学生的独立自由精神，要求学生坚持身体力行，实践磨炼，把书的道理化为行动。他十分强调师道尊严，认为身教重于言教，教师必须"克己去私"成为学生表率。王阳明有教无类，教学因人而异，因材施教，方法多样，尤其重视对儿童的教育，主张对儿童的教育要寓教于乐。
>
> 二十三年的教育实践，王阳明积累了丰富的经验，形成了一套颇为宝贵的教育理论和方法。正如郭沫若在《王阳明礼赞》一文中所说："王阳明对于教育方面也有他独到的主张，而他的主张与近代进步的教育学说每多一致。"

二、《传习录》的教育思想

（一）从"心"出发的教育哲学

心学思想既是王阳明教育活动的指导，也是贯串其教育思想的主线。

王阳明强调"心外无物""心外无理""心外无学"，突出道德的主观性。指出"明德"即是"天理"，是"根于天命之性，而自然灵照不昧者也"。也就是说，道德是人心良知的实质内容，仁义礼智不过是"表德"，是人心良知见诸于外、在道德实践的作用表现。《传习录》在充分肯定道德的主观性的同时，把有关道德心理因素如志向、动机、情感、意志以及道德主体的性格等，都说成是既源于心又影响心之良知的东西，或者说成是"心之本体"的"用"。进行道德教育和道德修养要从"知行合一""心即理"前提来考虑其逻辑起点。《传习录》说："心之发动处谓之意""意之灵明处谓之知""心之所发便是意，意之本体便是知，意之所在便是物""七情顺其自然之流行，皆是良知之用，不可分别善恶。但不可有所著，七情有著，便谓之欲。"心作为道德心理诸因素的主宰，主要是通过"心之体"的"用"来体现的，道德教育重在"良知之用"上"正心诚意"。《传习录》在"诚意"上着重阐述它作为德育过程起点的重要性，认为"一念之发"

处正是"诚意"的基础,也正是"致良知"的切紧处。

(二)《传习录》对知识教学的系统阐述

"知行合一"在教学中的实施是从阐述教学的本质、教学过程中的诸关系以及教学的原则与要求开始的。为了贯彻"知行合一"的道德教育思想,他还提出了一些具体的道德教育方法。

1. 静处体悟

所谓"静处体悟",实际上是静坐澄心,反观内省,摒去一切私虑杂念,体认本心,这是董仲舒"内视反听"与陆九渊"自存本心"思想的继承与发展,也是受佛教禅宗的面壁静坐、"明心见性"思想的影响。如他所说:"前在寺中所云静坐事,非欲坐禅入定,盖因吾辈平日为事物纷挐,未知为己,欲以此补小学收放心一段工夫耳。"

2. 事上磨炼

王阳明认为如果一味追求静坐澄心,容易使人"喜静厌动,流入枯槁之病",或者使人变成"沉空守寂"的"痴呆汉","才通些子事来,即便牵滞纷扰,不复能经纶宰制"。因此,他又提出"事上磨炼"。他说:"人须在事上磨炼做功夫乃有益;若只好静,遇事便乱,终无长进;那静时功夫,亦差似收敛,而实放溺也。"他这里说的"在事上磨炼",亦即"就学者本心日用事为问,体究践履,实地用功",是指通过"声色货利"这些日常事

王阳明像

明代著名教育家王阳明在教学思想方面,主张立志为先、责善问难、静处体悟、事上磨炼、顺性鼓舞、激励乐学、因材施教等。他认为,"静坐息思虑"是为学入门的第一步。

中国古代教育智慧

乾隆御笔：名世真才

王阳明有极高的执政能力。他曾在庐陵（今江西吉安）任职知县。期间，他深入基层，调查研究，审察乡情，慎选里正、三老、立保甲，清驿道，严禁横征暴敛，杜绝神会迷信活动，发展生产。"为政不事威刑，推以开导人心为本。"短短七个月时间就把庐陵治理得井井有条。

务，去体认"良知"。他反对离开事物去谈"致良知"，认为在口头上谈"致良知"是无意义的，"离了事物为学却是着空"。他主张道德培养要同日常生活紧密相联系，在事上磨炼，才能落实"知行合一"。

3. 省察克治

王阳明还继承与发展了儒家传统的"内省""自讼"的修养方法，提出"省察克治"。他说："省察克治之功则无时而可间，如去盗贼，须有个扫除廓清之意。无事时将好色好货好名等私逐一追究搜索出来，定要拔去病根，永不复起，方始为快。常如猫之捕鼠，一眼看着，一耳听着，才有一念萌动，即与克去，斩钉截铁，不可姑容，与他方便，不可窝藏，不可放他出路，方是真实用功，方能扫除廓清。"他还说："克己必须要扫除廓清，一毫不存方是，有一毫在，则众恶相副而来。"他这时进一步发展了传统的"克己内省"思想，强调了"拔去病根次"要斩钉截铁，久

"扫除廓清"一毫不存。在他看来,如果在修养过程中,若不能用他所说的"天理"战胜"人欲",即使剩下一丝一毫,那么,其结果必将是前功尽弃,"众恶相副而来"。我们可以从王阳明的唯心主义的道德教育思想中看出他深刻地认识到两种道德观斗争的重要意义,这对我们今天仍有启发。

4. 明心笃行

《传习录》论述了唐虞三代和孔子的教学旨在"明心""尽心""惟以成德为务"。"故君子之学,唯求其心。虽至于位育天地万物,未有出于吾心之外也……故博学者,学此者也;审问者,问此者也;慎思者,思此者也;明辨者,辨此者也;笃行者,行此者也。心外无事,心外无理,故心外无学。"以为自孔孟之后,教学失其根本,离却知行合一之功,"广记博诵古人之言词以为好古,而汲汲然唯以求功名利达之具于外者也。"《传习录》中,有大量的文字批评宋儒"牵制文义",没于浅见,尚功利,崇邪说,竞诡辩,传记诵,侈淫辞,追求科举功名,"士皆驰骛于记诵词章,而功利得丧分惑其心,于是师之所教,弟子之所学,遂不复知有明伦之意矣。"批评朱熹毕生"汲汲于训解",使人"玩物丧志",学者唯知"读书穷理",而不知"致吾心之良知",使天理落实于事事物物,以为这种"外人伦,遗事物"的单纯知识教学,没有抓住教学的本质,背离"知行合

孔子行教像

孔子(前551年—前479年),名丘,字仲尼,春秋末期鲁国陬邑(今山东曲阜市东南)人。孔子是我国古代伟大的教育家、政治家和思想家,儒家学派创始人。相传有弟子三千,贤弟子七十二人,孔子曾带领弟子周游列国十四年。孔子的思想及学说对后世产生了极其深远的影响。

中国古代教育智慧

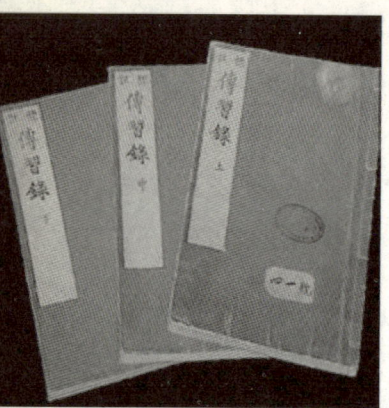

《传习录》书影

《传习录》是王阳明的妹夫兼学生徐爱仿照《论语》所编撰王守仁和其弟子治学问答的书。《传习录》的"传习"出自《论语》的"传不习乎"。全书基本包括了王阳明主要的哲学思想。

一"的根本原则,认为教学的本质要在使人明人伦,并且是教人在"知行合一"的过程中获得"真知"。

（三）《传习录》对智与德修行的阐述

《传习录》在论述教学过程中的问题时,其主要观点包括道德与知识、教学与个人的成长发展、教学与心理成熟、知与行的关系四个方面:

1. 关于德智关系

就道德与知识的关系看,《传习录》肯定良知是人类最有价值和最赋有本质意义的知识,它是一切知识经验的本源,所以培养德性是获取知识和运用知识的基础。其语录讲:"人只要成就自家心体,则用在其中,如养得心体,果有未发之中,自然有发而中节之和,自然无施,不可苟无。是心虽预先讲得,世人许多名物度数与己原不相干,只是装缀临时,自行不去,亦不是将名物度数全然不理,只要知所先后,则近道。"批评后世因不知作圣之本是纯乎天理,只是一味地钻研圣人的知识才能,结果失去了为学之道,丧失了以德为本的教学原则。《传习录》上曰:"后世不知作圣之本是纯乎天理,却专去知识才能上求圣人,以为圣人无所不知,无所不能,我须是将圣人许多知识才能逐一理会始得。故不去天理上著工夫,徒弊精竭力,从册子上钻研,名物上考索,形迹上比拟,知识愈广而人欲愈滋,才力愈多而天理愈蔽。"

《传习录》一贯主张的是以德御智,因为"良知"是一切知识生成的基础或本源。只有培养人的道德理性,使每个人在现实生活中掌握识别是非诚伪的能力,就能运用"千经万典",成为知识的主人。在客观生活中,每个道德实践者都不可能按照书本教条去应付千变万化的具体问题,即使书本内容再全面细致,也难与现实生活的事物与人的实际行为对号入座,应付难以预料的事情。而且即使有了丰富的知识才能,也存在如何运用和为何运用的问题。道德对于知识才能的统摄与驾驭作用,决定了德育的重要地位。因此教学过程中要突出德育,或把教学过程变成实现德育目标的过程,使"知行合一并进"。

2. 关于教学与人的发展

《传习录·答欧阳崇一》讲:"良知不由闻见而有,而见闻莫非良知之用。故良知不滞于见闻而亦不离于见闻。"教学应在于发展良知,而发展良知就是对人性的发展。王阳明在人的价值方面继承了儒家的传统,认为道德是人性的根本体现,人的价值之实现主要是道德人格的完善,所以他认为人的发展主要是"良知"的发展。《传习录》广泛论述了知识教学与发展良知的问题,以为"良知"的发展是随着人的年龄和身心发展而有阶段的,但是良知的发展水平并非完全由生理条件决定的,同一年龄的人即使身心发育相同,但也存在个性差异。因此,教学与人的发展,既要与人的良知

传习录的教育智慧

王阳明手迹

图为王阳明的《若耶溪送友诗稿》手迹。王阳明不仅创立了阳明心学,在诗词歌赋方面也有极深的造诣。《若耶溪送友诗稿》书于弘治十五年(1502年),纸本,现藏于日本大阪博文堂。

发展阶段性相联系,即"为学须有本原,须从本原上渐渐盈科而进"。同时又要注意因材施教。《传习录》下:"我辈致良知,是各随分限所及,今日良知见在如此,只随今日所扩充到底。明日良知又有开悟,便从明日良知扩充到底,如此方是精一功夫。"由此可见,《传习录》是把人的道德主体性和道德理性的发展作为人的本质发展,而不在于知识技能的提高,也因此表现出唯德至上的教育价值取向。

3. 关于教学与心理的关系

教学与心理的关系在《传习录》及《阳明全书》中论述得十分丰富。《大学问》讲:"致知云者,非若后儒所谓广充其知识之谓也,致吾心之良知焉耳。"根据王阳明的"知行合一"说,教学是一种道德目的与方法的统一过程,教学对心理的发展主要是使道德心理如何健康化以及道德心理因素如何在教学过程中得到健康发展的问题。道德心理因素如知、情、意,以及喜、恶、怒、惧、忧等,在《传习录》中曾反复论及,以为要使心理伦理化,就必须从知行合一和体用一源的基本出发点着手,把每一心理活动都看作"行",同时也看作"知";既把它们看作良知的"用",又看作是良知"本体"的属性所在。在处理教学与心理发展关系上,主张从"一念之动"就着紧用力,做"格物致知"的功夫。所谓"致知",不是广求知识,而是内心体认良知的"本体";所谓"格物",就是使心理因素伦理化。"致

《阳明全书》

王阳明一生文治武功俱称于世,有完人之称。其学上承孟子,中继陆九渊,而形成为风靡明代中后期并与程朱理学分庭抗礼的阳明心学。其学说思想主要收集在《阳明全书》中。明穆宗隆庆六年(1572年),侍御谢廷杰汇集王阳明的各类著作,以及钱德洪编的阳明先生年谱、王正亿编辑的世德纪、王阳明友人所写的阳明先生墓志铭、行状、祭文等,定名为《王文成公全书》,编为七十八卷,予以刻印。主要包括《传习录》《文录》《文录续编》等。

知必在于格物。物者，事也。凡意之所发必有其事，意之所在之事，谓之物。格者，正也，正其不正以归于正之谓也。正其不正者，去恶之谓也；归于正者，为善之谓也。"《传习录》所讲的教学心理问题主要是道德教学与心理伦理化的问题，要求不仅使致良知之教的个体内心完成"知行合一"，即使"心即理"，同时还要使伦理化的心理向外无限延伸和扩展，一直扩展到现实生活的道德实践领域，从而使道德实践在正确的认识、判断、选择下，自由自在地在毫无外力作用下，去追求并实现"圣人"境界。这些思想，后来被王阳明概括为"明体达用"。

4. 关于知与行的关系

王阳明所主张的"知行合一"，不同于朱熹所讲的"知行常相须""知行并进"。因为朱熹的"知"，更多的是对书本知识的认识，其"行"亦多指知识的应用与道德的实践。而王阳明所讲"知行"不仅反映了道德问题，而且突出了主观实践道德问题，所以称其学说为"心学"。在理论上，《传习录》论教学中的知行关系，是着意针对朱熹的知行分离观点所造成的知识学习与道德实践相脱节的流弊而阐发的。《传习录》上讲："将知行分作两件去做，以为必先知了，然后能行，我如今且去讲习讨论，做知的工夫，待知得真了方去做行的工夫，故遂终身不行，亦遂终身不知。此不是小病痛，其来已非一日矣。某今说个知

聘庞图

此画出自明代画家倪端之手。倪端，字仲正，杭州人，生卒年不详。工书善画，长于道释人物，兼工花卉，山水宗马远一派。《聘庞图》描绘的是三国时荆州刺史刘表聘请隐士庞德公的历史故事。画面层峦叠嶂，高耸入云。用笔劲健，墨色富有层次。整幅图极为精细、谨严，堪称明代院体人物画的代表作。

中国古代教育智慧

阳明祠

阳明祠，位于贵州省贵阳市东扶风山麓，始建于清嘉庆十九年（1814年），此祠是为纪念明代哲学家、教育家王守仁而建。

行合一，正是对病的药"。《答顾东桥书》中指出："尽天下之学，无有不行而可以言学者。则学之始固已即是行矣"。学、问、思、辨，在朱熹看来都是"知"的范畴，知是为行做准备的。而王阳明认为这种"知先行后"的观点是把知识学习作为道德教育的充分必要条件，但客观上知识学习也可能与德育发生关系，也可能恰恰导致学者的反道德行为，知与行不统一在道德目的中和不把知识教学过程作为道德之"行"的"致良知"，知行就成了两件事。故指出以学问思辨以穷天下之理而不及笃行，是专以学问思辨为知，而使穷理为无行。"知不行之不可以为学，则知不行之不可以为穷理矣。知不行之不可以为穷理，则知行合一并进而不可以分作两件事矣。"

（四）《传习录》的儿童教育原则

《传习录》对儿童教育性质、目的、原则及方法的论述，历来受到教育家们的重视。根据社会需要，以加强儿童教育，使教育从儿童阶段开始就得到重视，才是"移风易俗""治国化民"的根本措施。传统的儿童教育，以古训教之以人伦，或以记诵词章之习起。而现代的儿童教育应该以孝悌忠信礼义廉耻为教

传习录的教育智慧

习内容。教育方法要"以涵养为方,则宜诱之以诗歌,以发其志意;导之习礼,以肃其威仪;讽之读书,以开其知觉。"儿童教育的性质与目的是联系在一起的,旨在陶冶志意、养成德性、发展智力,以培养封建社会所需要的合格社会成员。

在儿童教学原则上,要依照儿童的个性施教,同时要求注意量力而行,不要给儿童过重的学习负担。"凡授书不在徒多,但贵精熟,量其资禀,能二百字者,只可授以一百字,常使精神力量有余,则无厌苦之患,而有自得之益。讽诵之际,务要专心一志,口诵心惟,字字句句,紬绎反复;抑扬其音节,宽虚其心意,久则义礼浃洽,聪明日开矣。"这样的思想主张,在当时是十分先进的,对纠正儿童教育与教学的错误方式和方法以及不良风气,产生了重大影响。

称《传习录》为中国古代教育名著是当之无愧的。即使在今天,它仍然是教育史和教育思想方面的重要研究对象和课题之一。

王阳明画像

王阳明是一位以弘扬"圣学"为己任的教育家。在弘治十八年(1505年),王阳明三十四岁时开始授徒讲学,至病逝为止,他先后讲学二十三年。王阳明讲学以"心即理""知行合一"和"致良知"学说为主要内容。通过讲学,传授了他的心学思想。

第三部分 《传习录》选编

第一篇　徐爱引言

【原文】

先生于《大学》"格物"诸说，悉以旧本为正，盖先儒所谓误本者也。爱始闻而骇，既而疑，已而殚精竭思，参互错综，以质于先生。然后知先生之说，若水之寒，若火之热，断断乎百世以俟圣人而不惑者也。先生明睿天授，然和乐坦易，不事边幅。人见其少时豪迈不羁，又尝泛滥于词章，出入二氏之学。骤闻是说，皆目以为立异好奇，漫不省究。不知先生居夷三载，处困养静，精一之功，固已超入圣域，粹然大中至正之归矣。爱朝夕炙门下，但见先生之道，即之若易，而仰之愈高；见之若粗，而探之愈精；就之若近，而造之愈益无穷。十余年来，竟未能窥其藩篱。世之君子，或与先生仅交一面，或犹未闻其謦欬，或先怀忽易愤激之心，而遽欲于立谈之间，传闻之说，臆断悬度，如之何其可得也？从游之士，闻先生之教，往往得一而遗二，见其牝牡骊黄而弃其所谓千里者。故爱备录平日之所闻，私以示夫同志，相与考而正之，庶无负先生之教云。

门人徐爱书

【译文】

先生对于《大学》中有关"格物"的各种说法，均以旧本，亦即前贤所说的误本为标准。我刚听说甚觉意外，进而产生怀疑。最

徐爱

徐爱（1487年—1517年），字曰仁，号横山，明余姚马堰（今慈溪）人。王守仁的妹夫。正德二年（1507年），师事王守仁，为第一个入门弟子。第二年中进士，任祁州知州。镇压刘六、刘七农民起义后，升南京兵部员外郎、又改工部郎中。1512年冬，与王守仁同舟还乡省亲，途中听授《大学》宗旨，辑为《传习录》，又编成《守仁语录》，辅导王门弟子。三十一岁卒，著有《横山集》。

中国古代教育智慧

阳明洞

王阳明被贬谪为贵州龙场（今修文县城）驿丞时，曾结庐研读于此，他在这里大悟"格物致知"之旨，创立了"知行合一"的学说，形成了"致良知"的思想雏形，还创办了"龙冈书院"。遂将东洞更名为"阳明小洞天"，世称"阳明洞"。被誉为"王学圣地"。加上著名爱国将领张学良将军曾被囚禁于此三年，使阳明洞更加闻名于世。

后，我殚精竭思，互相对照分析，就请教于先生。方始发现，先生的主张犹如水性清寒、火性炎热一样，就是百世之后的圣人也不会产生疑问的道理。先生天资聪颖，为人和蔼可亲，待人坦诚，平素不修边幅。早年，先生性格豪迈洒脱，曾热衷于赋诗作文，并广泛深入研究佛道两家的经典之作。所以，时人初听他的主张，认为是异端邪说，不予深究。但是他们不知道，在贬居贵州龙场的三年中，先生处困养静，唯精唯一的功夫，已入圣贤之列，达到炉火纯青之境界。我时刻受先生之教诲，觉得他的学说，刚接触似乎很容易，深入研究就觉得越发崇高；初看好像很粗疏，仔细钻研就觉得越发精细；刚接近仿佛很浅显，深入探求就觉得没有穷尽。十几年来，我竟连它的轮廓都未看到。但是，今天的学者，有的仅与先生一面之缘，有的只闻其名，有的怀着蔑视、恼怒的情绪，在立谈之间就想依据传说，猜想揣测，如此何能彻底深谙先生的学说呢？跟从先生的人士，听着先生不倦的教诲，常常得一而遗二，如同相马时只注意马的牝牡黑黄，而忽略了能否驰骋千里的特性。因此，我把平时所听到的全部记录下来,给诸位同道之人奉上,以便考核校正,希望不负先生教育之恩。

门人徐爱书

【故事】

张良拜师

尊师重道是中华民族的传统美德,古往今来,代代相传。古语云:"国将兴,必贵师而重傅""师者,人之模范也""一日为师,终身为父",这些都充分体现了中华民族尊师的道德观念。尊师重道,勤奋求知,它从另一个侧面体现了中华民族的聪明智慧。从古至今,取得大成就者,多是尊师重道之人。

张良是西汉高祖刘邦的军师,他的祖先是战国时期韩国人。在秦灭韩后,张良立志为韩国报仇。后来,因刺杀秦始皇未遂,受到追捕而隐姓埋名,避居到下邳。

张良在下邳静候风声。有一天他到下邳桥散步,遇见一个穿着粗布短衣的老人,老人走到张良旁边,故意把鞋子掉到桥下。然后回过头来冲着张良说:"小子!下桥去给我把鞋子拾上来!"张良听了一愣,很是气愤,但一看他是个老人,就强忍着怒气,到桥下把鞋拾了上来。那老人竟又命令说:"把鞋子给我穿上!"张良一想,既然已经给他拾来了鞋子,就给他穿上吧,于是就跪在地上给他穿鞋。那老人把脚伸着,让张良给他穿好后,就

张良

张良(?—前186年),字子房,汉代开国谋臣。他为刘邦击败项羽以及汉朝的建立立下了不可磨灭的功劳。官拜大司马之后,辞官归隐,是汉初三杰当中唯一一位得善终的人。

中国古代教育智慧

张良拾履

笑嘻嘻地走了。张良一直用惊奇的目光注视着他走远。过一会儿,那老人又折回身来,对张良说:"你这个孩子是能培养成才的。五天以后的早上,天一亮,就到这里来见我!"张良不知道老人意欲何为,但是恭敬地跪下来说:"是。"

第五天天刚亮,张良就到了下邳桥上。不料那老人已经等在那里了,见了张良就生气地说:"和老人约会,还迟到,五日后再来相会吧!"说完就离去了。到第五天早上,鸡一叫,张良就赶去,可是那老人又等在那里了,见了张良又生气地说:"怎么又落在我后面了?过了五天再早点来!"说完又走了。到第五天,张良没到半夜就赶到桥上,等了好久,那老人也来了,他高兴地说:"这就对了。"然后他拿出一本书来,指着说道:"认真研读这本书,你就能做帝王之师了!过十年,天下形势有变,你就会发迹了。十三年后,济北郡谷城山下,那儿有块黄石,就是我了。"老人说完,扬长而去。

张良惊喜万分,天亮时,张良拿出那本书来一看,竟然是《太公兵法》,这本书可是姜太公辅佐周武王伐纣的兵书啊!从此,张良日夜研习兵书,俯仰天下大事,终于成为一个深明韬略、文武兼备,足智多谋的"智囊"。

十年过去了,陈胜、吴广揭竿而起,举兵反秦。紧接着,各地反秦武装风起云涌。张良也聚集了一百多人响应。沛公刘邦率领了几千人马,在下邳的西面攻占了一些地方,张良就投奔了刘邦,成为了刘邦的部属。此后,张良经常把从《太公兵法》中学到的智谋献给沛公,沛公也常常采用他的计谋。后来张良成了刘邦运筹帷幄,决胜千里的军师。刘邦称帝后,封他为留侯。

张良始终不忘那个给他《太公兵法》的老人。三年后,他随从刘邦经过济北时,果然在谷城山下看见有块黄石,于是把它取回来,尊称为"黄石公",作为珍宝供奉起来,按时祭拜。张良死后,他的家人就把这块黄石和他葬在了一起。

刘邦塑像

刘邦(前256年—前195年),即汉高祖,西汉王朝的开国皇帝。刘邦出身寒微,为人豁达大度,知人善任,起初参加由陈胜、吴广带领的起义,不久投奔项梁。秦朝灭亡后,被楚霸王项羽封为汉王,并以蜀地为基地,和项羽展开了长达四年的楚汉之争。在谋士张良、萧何和武将韩信、彭越等的辅助下,设下十面埋伏,使得项羽在乌江自刎。次年二月,刘邦称帝,建立汉朝,重新统一了中国,为中国历史揭开了新的一幕。

中国古代教育智慧

孟子

孟子（前372年—前289年），名轲，山东邹城人。战国时期儒家代表人物之一，中国古代伟大的思想家。著有《孟子》一书。《孟子》一书是孟子的言论汇编，由孟子及其弟子共同编写而成，记录了孟子的语言、政治观点和政治行动的儒家经典著作。其学说出发点为性善论，提出"仁政""王道"，主张德治。孟子继承并发扬了孔子的思想，成为仅次于孔子的一代儒家宗师，有"亚圣"之称。

第二篇 徐爱录

【原文】

爱问："'在亲民'，朱子谓当作'新民'，后章'作新民'之文，似亦有据。先生以为宜从旧本作'亲民'，亦有所据否？"

先生曰："'作新民'之'新'是自新之民，与'在新民'之'新'不同，此岂足为据？'作'字却与'亲'字相对，然非'新'字义。下面'治国平天下'处，皆于'新'字无发明。如云'君子贤其贤而亲其亲，小人乐其乐而利其利''如保赤子''民之所好好之，民之所恶恶之，此之谓民之父母'之类，皆是'亲'字意。'亲民'犹如《孟子》'亲亲仁民'之谓，'亲之'即'仁之'也。'百姓不亲'，舜使契为司徒，'敬敷五教'，所以亲之也。《尧典》'克明峻德'便是'明明德'，'以亲九族'至'平章'，'协和'便是'亲民'，便是'明明德于天下'。又如孔子言'修己以安百姓'，'修己'便是'明明德'，'安百姓'便是'亲民'。说'亲民'便是兼教养意，说'新民'便觉偏了。"

【译文】

徐爱问："《大学》首章的'在亲民'，朱熹先生认为应作'新民'，第二章的'作新民'的文句，好像可作为他的凭证。先生认

传习录的教育智慧

为应按旧本作'亲民',难道也有什么根据吗?"

先生说:"'作新民'的'新',是自新的意思,和'在新民'的'新'不同,'作新民'怎可作为'在新民'的凭证呢?'作'与'亲'相对,但非作'新'解。后面说的'治国平天下'都没有'新'的意思。比如:'君子贤其贤而亲其亲,小人乐其乐而利其利''如保赤子''民之所好好之,民之所恶恶之,此之谓民之父母',这些都含有'亲'的意思。'亲民'犹如《孟子》中的'亲亲仁民',亲近就是仁爱。百姓不能彼此亲近,虞舜就任命契作司徒,尽心竭力地推行伦理教化,借此加深他们的感情。《尧典》中的'克明峻德'即是'明明德','以亲九族'到'平章''协和'即是'亲民'也就是'明明德于天下'。再如孔老夫子的'修己以安百姓','修己'即是'明明德','安百姓'就是'亲民'。说'亲民',就兼有教化养育等意思,说'新民'就失之于正道了。"

【原文】

爱问:"'知止而后有定',朱子以为'事事物物皆有定理',似与先生之说相戾。"

先生曰:"于事事物物上求至善,却是义外也。至善是心之本体,只是明明德到至精至一处便是。然亦未尝离却事物。本注所谓'尽夫天理之极,而无一毫人欲之私'者得之。"

爱问:"至善只求诸心,恐于天下事理,

孟母三迁

孟子的母亲为选择良好的环境教育孩子,多次迁居。最终,孟子成为一位有学问的人。后来,人们就用"孟母三迁"来表示人应该要接近好的人、事、物,才能学习到好的习惯!"孟母三迁"的故事也成为后世母亲重视子女教育的典型,影响至今。

中国古代教育智慧

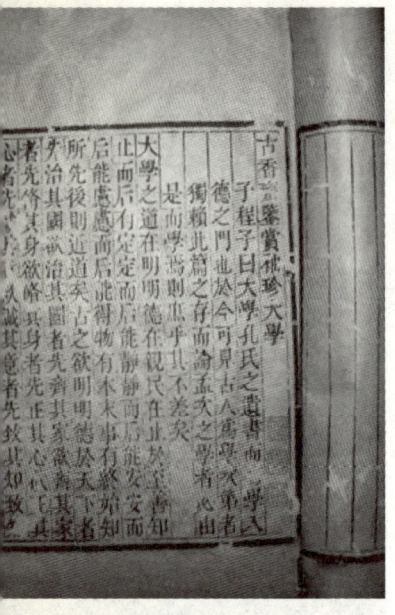

《大学》

《大学》是儒家基本经典之一,原为《礼记》中的一篇。相传为曾子作,近代许多学者认为是秦汉之际儒家作品。《大学》全面总结了先秦儒家关于道德修养、道德作用及其与治国平天下的关系。南宋朱熹把它与《论语》《孟子》《中庸》合称为"四书"。

有不能尽。"

先生曰:"心即理也。天下又有心外之事、心外之理乎?"

【译文】

徐爱问道:"《大学》之中'知止而后有定',朱熹先生认为是指万事万物都有定理,它好像与您的看法不一致。"

先生答说:"到万事万物中寻求至善,如此就把义看成是外在的了。至善是心的本体,只要'明明德',并达到唯精唯一的程度就是至善。当然了,至善并未与具体事物相脱离,《大学章句》中所谓的'尽夫天理之极,而无一毫人欲之私',表达的就是这个意思。"

徐爱又问:"至善只从心中寻求,大概不能穷尽天下所有的事理。"

先生说道:"心即理,天下难道有心外之事、心外之理吗?"

【原文】

爱曰:"如事父之孝,事君这忠,交友之信,治民之仁,其间有许多理在,恐亦不可不察。"

先生叹曰:"此说之蔽久矣,岂一语所能悟。今姑就所问者言之。且如事父,不成去父上求个孝的理;事君,不成去君上求个忠的理;交友、治民,不成去友上、民上求个信与仁的理。都只在此心。心即理也,此心无私欲之蔽,即是天理,不须外面添一分。以此纯乎天理之心,发之事父便是孝,发之事君便是忠发之交友、治民便是信与仁。只在此心去人欲、存天理用功便是。"

【译文】

徐爱说:"就像侍父的孝、事君的忠、交友的信、治理百姓的仁爱,其间有许多道理存在,恐怕也不能不去考察。"

先生感叹地说:"世人被这种观点蒙蔽很久了,不是一两句话就能使人们清醒的。现仅就你的问题来谈一谈。比如侍父,不是从父亲那里求得孝的道理;事君,不是从君主那里求得忠的道理;交友、治理百姓,不是从朋友和百姓那里求得信和仁的道理。孝、忠、信、仁在各自心中。心即理。没有被私欲迷惑的心,就是天理,不用到心外强加一点一滴。用这最热的心,表现在侍父上就是孝,表现在事君上就是忠,表现在交友和治理百姓上就是信和仁。只在自己心中下功夫去私欲、存天理就行了。"

【故事】

用心灵聆听

人生在世,只要心中有信念,摒除外在的纷扰,用心灵聆听,努力付诸实践,就会越来越接近自己的理想。《庄子·人间世》中里就讲了颜回向孔子请教"心斋"的故事:

卫国国君年轻气盛,处理政事专断,使得全国上下怨声载道。颜回知道后,打算去卫

庄子画像

庄子(约前369年—前286年),名周,战国时期宋国人。著名思想家、哲学家、文学家,是道家学派的代表人物,老子哲学思想的继承者和发展者,先秦庄子学派的创始人。后世将老子与他并称为"老庄",称他们的哲学为"老庄哲学"。庄子一生淡泊名利,主张修身养性、清静无为。

中国古代教育智慧

颜回

颜回，即颜渊，春秋末鲁国人。孔子最得意弟子。他异常尊重老师，对孔子无事不从，无言不悦，以德行著称，不幸早死。自汉代起，颜回被列为七十二贤之首，有时祭孔时独以颜回配享。《论语·雍也》中说他"一箪食，一瓢饮，在陋巷，人不堪其忧，回也不改其乐"。

国，希望根据孔子的教诲，能够帮助卫国国君把卫国治理好。

孔子却告诉他说："如今你在自己的道德修养方面还没有什么建树，哪里还有什么工夫到暴君那里去推行大道！一个人就是德行纯厚，诚实笃守，也未必能和对方声气相通。一个人虽然不争名声，也未必能得到广泛的理解。你如果勉强把仁义和规范之类的言辞说给暴君听，这就好比用别人的丑行来显示自己的美德，这样做恐怕会遭到别人的伤害的呀！"

颜回向老师求教策略。孔子说："你要斋戒清心！"

颜回说："我家境贫穷，不饮酒浆、不吃荤食已经好几个月了。"

孔子说："我所谓的'斋戒'，不是指饮食，而是指'心斋'。"

颜回说："那请问您什么是'心斋'呢？"

孔子说："你必须摒除杂念，专一心思，不用耳去听而用心去领悟，不用心去领悟而用凝寂虚无的意境去感觉！耳的功用仅在于聆听，心的功用仅在于跟外界事物交合。凝寂虚无的心境才是虚弱柔顺而能应接宇宙万物的，只有大道才能汇集于凝寂虚无的心境。虚无空明的心境就是'心斋'。"

颜回说："我不曾受过'心斋'的教诲，所以确实存在一个真实的颜回；受过'心斋'的教诲后，我便顿时感到不曾有过真实的颜回。这可以叫作虚无空明的境界吗？"

孔子说："你对'心斋'的理解十分透彻。我再告诉你，听说过凭借翅膀才能飞翔，还没有听说过没有翅膀也能飞翔的；听说过有智慧才能了解事物，还没有听说过没有智慧也可以了解事物的。看一看那空旷的环宇吧，空明的心境时独存精白，其他什么都不复存在了，一切事情都消逝于凝静的境界。这就是虚无空明的境界。希望你能够在追名逐利的环境中而不为声名货利所役使。卫君能采纳你就阐明你的观点，不能采纳你就适可而止，不去寻找仕途的门径，也不向世人索求回报，心思凝聚全无杂念，把自己寄托于无可不可的境域，那么就差不多合乎'心斋'的要求了。"

面对现实中的各种问题，我们怎么保持心灵的安静，做好我们自己的事情呢？正如孔子所言，维护一颗宁静致远的心，要用耳目的感观，向内通达，用心灵倾听，把纷纷扰扰排除在心灵之外，用心灵拥抱生活，就能做到"心斋坐忘"了。

心斋

心斋，语出《庄子·人间世》："唯道虚集。虚者，心斋也。"心斋为道教斋法的最高层（供斋、节食斋、心斋），指疏沦其心，摒弃智欲，澡雪精神，除却秽累，掊击其智，断绝思虑。即是意念专一，排除干扰；不以耳听，而用意念听，功夫深入，意念联成一片，最后不知不觉地进入虚无境界。心斋，就是空虚的心境，即超越功利的审美心境、审美态度。

中国古代教育智慧

啮指痛心

曾参,字子舆,春秋时期鲁国人,孔子的得意弟子,世称"曾子",以孝著称。少年时家贫,常入山打柴。一天,家里来了客人,母亲不知所措,就用牙咬自己的手指。曾参忽然觉得心疼,知道母亲在呼唤自己,便背着柴迅速返回家中,跪问缘故。母亲说:"有客人忽然到来,我咬手指盼你回来。"曾参于是接见客人,以礼相待。

【原文】

郑朝朔问:"至善亦须有从事物上求者?"先生曰:"至善只是此心纯乎天理之极便是。更于事物上怎生求?且试说几件看"。

朝朔曰:"且如事亲,如何而为温清之节,如何而为奉养之宜,须求个是当,方是至善。所以有学问思辨之功。"

先生曰:"若只是温清之节,奉养之宜,可一日二日讲之而尽,用得甚学问思辨?惟于温清时也只要此心纯乎天理之极,奉养时也只要此心纯乎天理之极,此则非有学问思辨之功将不免于毫厘千里之缪。所以虽在圣人,犹如'精一'之训。若只是那些仪节求得是当,便谓至善,即如今扮戏子扮得许多温清奉养的仪节是当,亦可谓之至善矣。"爱于是日又有省。

【译文】

郑朝朔问道:"至善也必须从事物上求取吗?"先生说:"己心纯为天理就是至善,它怎样从事物上获取?你不妨举出几个例子。"

郑朝朔于是说:"就像孝敬父母,怎样才能保暖避暑,怎样才能奉养适宜,该讲求适当才是至善。基于此,方有了学问思辨的功夫。"

先生说:"假若孝敬父母只讲求保暖避暑和奉养恰当,只须一两天时间就可讲清楚,何来学问思辨的工夫?保暖避暑、侍奉父母双亲时只要求己心纯为天理,这样如果没有学问思辨的功夫，就会差之毫厘而失之千里了。因此，即便是圣贤，也要再加"惟精惟一"的训示。倘若认为把那些礼节讲求得适宜了就是至善，那么，现在的演员在戏中恰当地表演了许多侍奉父母的礼节，他们也就可称为至善了。"这一天徐爱又有所省悟。

【原文】

爱因未会先生知行合一之训，与宗贤、惟贤注复辩论，未能决。以问于先生。

先生曰："试举看。"

爱曰："如今人尽有知得父当孝、兄当悌者，却不能孝，却不能悌。便是知与行分明是两件。"

先生曰："此已被私欲隔断，不是知行的本体了。未有知而不行者，知而不行，只是未知。圣贤教人知行，正是要复那本体。不是着你只恁的便罢。故《大学》指个真知行与人看，说'如好好色'，'如恶恶臭'。见好色属知，好好色属行。只见那好色时已自好了，不是见了后又立个心去好。闻恶臭属知，恶恶臭属行。只闻那恶臭时已自恶了，不是闻了后别立个心去恶。如鼻塞人虽见恶臭在前，鼻中不曾闻得，便亦不甚恶。亦只是不曾知臭。就如称某人知孝、某人知悌，必是其人已曾行孝行悌。方可称他知孝知悌。不成只是晓得说些孝悌的话，便可称为知孝悌。又如知痛，必已自痛了，方知痛。知寒，必已自寒了。知饥，必已自饥了。知行如何分得开？此便是知行的

意诚

所谓诚其意者，毋自欺也。始恶恶臭，如好好色，此之谓自慊。故君子必慎其独也。（《大学》）所谓意诚，就是不能自欺，像讨厌浓烈的臭味一样讨厌不好的品行，像喜爱美丽的容貌一样喜爱好的品行，这就叫做对自己诚实。因此，君子独处时也必须十分警惕（不好的品行）。

中国古代教育智慧

王阳明像

"知行合一"是王阳明提出的重要命题,王阳明不仅认为"知行"是以"良知"为本体,知行合一并进;而且还强调行而后有真知,注重实践的重要性。

本体,不曾有私意隔断的。圣人教人,必要是如此,方可谓之知。不然,只是不曾知。此却是何紧切着实的功夫!如今苦苦定要说知行做两个,是甚么意?某要说做一个,是甚么意?若不知立言宗旨,只管说一个两个,亦有甚用?"

【译文】

徐爱由于未理解先生"知行合一"的主张,与宗贤和惟贤再三讨论,没有收到很好的效果。于是请教于先生。

先生说:"不妨举个例子来说明。"

徐爱说:"现在,世人都明知对父母应该孝顺,对兄长应该尊敬,但往往不能孝、不能敬,可见知与行分明是两码事。"

先生说:"这是被私欲迷惑了,不是知与行的原意了。没有知而不行的事。知而不行,就是没有真正明白。圣贤教人知和行,正是要恢复原本的知与行,并非随便地告诉怎样去知与行便了事。所以,《大学》用'如好好色','如恶恶臭'来启示人们,什么是真正的知与行。见美色是知,喜美色是行。在见到美色时就马上喜好它了,不是在见了美色之后才起一个心去喜好。闻到恶臭是知,讨厌恶臭是行。闻到恶臭时开始讨厌了,不是在闻到恶臭之后才起一个心去讨厌。一个人如果鼻塞,就是发现恶臭在眼前、鼻子没有闻到,根本不会特别讨厌的。亦因他未曾知臭。又如,我们讲某人知孝晓悌,绝对是他已经做到了孝悌,才能称他知孝晓悌。不是他只知说些孝悌之类的话,就可以称他为知孝晓悌了。再如知痛,绝对是他自己痛了,才知痛。知寒,绝对是自己觉得寒冷。知饥,绝对是自己肚子饥饿了。知与行怎能分开?这就是知与行的原意,不曾被人的私欲迷惑。圣贤教人,一定是这样才可以称做知。不然,只是未曾知晓。这是多么紧切实际的功夫啊!今天,世人非要把知行说成是两回事,是何居心?我要把知行说成是一回事,是何居心?倘若不懂得我立言的主旨,只顾说一回事、两回事,又有什么用呢?"

【原文】

爱曰:"古人说知行做两个,亦是要人见个分晓。一行做知的功夫,一行做行的功夫,即功夫始有下落。"

先生曰:"此却失了古人宗旨也。某尝说知是行的主意,行是知的功夫。知是行之始,行是知之成。若会得时,只说一个知,已自有行在;只说一个行,已自有知在。古人所以既说一个知,又说一个行者,只为世间有一种人,懵懵懂懂的任意去做,全不解思惟省察,也只是个冥行妄作,所以必说个知,方才行得

春山读书图

此画为元代画家王蒙所作。全图章法缜密,崇冈叠起,长松成林,松荫下隐有茅屋数间,堂中人物端坐读《易》。水阁临溪,阁内有人倚栏远眺,一派春光淡怡之景。山石披麻、解索皴法互用,间以破笔、渴笔点苔。树干用笔古拙而灵活,以淡赭略润树身及茅屋,颇为雅致。

知行观

知行观是宋明理学的一个重要内容。朱熹的知行观强调知难行易、知先行后，与传统知行观形成鲜明对比。明代王守仁首先在理论上反对传统知行观中对知行分先后轻重，而提出了知行合一的理论。知即理论，行即行动实践，知行观即理论与实践的关系。知先行后即先有思想理论，后去执行实践。行重知轻即行动实践高于理论，重要的是行动。知行相须即尽管二者有先有后，有轻有重，但是二者必须相辅相成。

是。又有一种人，茫茫荡荡悬空去思索，全不肯着实躬行，也只是个揣摸影响，所以说一个行，方才知得真。此是古人不得已补偏救弊的说话。若见得这个意时，即一言而足。今人却就将知行分作两件去做，以为必先知了，然后能行。我如今且去讲习讨论做知的工夫，待知得真了，方去做行的工夫。故遂终身不行，亦遂终身不知，此不是小病痛，其来已非一日矣。某今说个知行合一，正是对病的药，又不是某凿空杜撰。知行本体，原是如此。今若知得宗旨时，即说两个亦不妨，亦只是一个。若不会宗旨，便说一个，亦济得甚事？只是闲说话。"

【译文】

徐爱说："上古之人把知行分开来讲，亦是让人有所区分，一方面做知的功夫，另一方面做行的功夫，如此功夫方有着落。"

先生说："这样做就抛弃了古人的意旨了。我以前说知是行的主意，行是知的功夫，知是行的开始，行是知的结果。如果深谙知行之理，若说知，行已自在其中了；若说行，知也自在其中了。古人之所以知行并提，只因世间有一种人，只顾稀里糊涂地随意去干，根本不思考琢磨，只是愚昧妄为，因此必须说一个知，他才能行得端正。还有一种人，海阔天空漫无边际地思考，根本不愿切实力行，只是无端空想，所以说一个行，他方能知得真切。这正是古人为了救弊补偏，不得已而使之对策。

假若明了这一点,一句话足够。现今的人非要把知行分为两件事去做,认为是先知然后行。因此,我就先去讲习讨论,做知的功夫,等知得真切,再去做行的功夫。所以,终生一无所成,必定终生一无所知。这不是小病小痛,此种错误认识为时很久了。现在我说的知行合一,正是要对症下药,并非我凭空捏造。知行本体,原本如此。现在如果知晓我立论的主旨,即使把知行分开说也无关紧要,其实仍是一体。如果不晓得我立论的主旨,即使说知行合一,又有何作用?那也只是聊聊天而已。"

【故事】

王阳明知行合一

王阳明是明代著名的思想家和教育家。他在知与行的关系上提出了"知行合一"的观点。作为"知行合一"的倡导者,王阳明本人也是躬身实践,他文能讲学著书,武可射猎征伐。《明史》评:"终明之世,文臣用兵制胜,未有如守仁(王阳明)者。"的确,明代三百余年江山,以文臣治军者,没有能超过王阳明的。

王阳明任兵部主事的时候,有二十余位忠臣联名上疏弹劾权宦刘瑾。不料,上疏的官员遭到迫害,有的罢官,有的入狱。王阳明义愤填膺,冒死和其他人一起上疏为这些官员辩护。正德皇帝却把事情交给刘瑾处理。此时,刘瑾正对王阳明等人恨之入骨。他当即下令,

王阳明像

王阳明身为文臣,资兼武略,治军严明,娴于韬略,具有非凡的军事才能。他还主张恩信慰抚,重视战后重建,安定社会秩序,百姓安居乐业。

中国古代教育智慧

明武宗

明武宗朱厚照（1491年—1521年），明朝第十位皇帝，年号正德，庙号"武宗"。明武宗是历史上很有争议的一位皇帝。以往很多人认为他荒淫暴戾，怪诞无耻，是少见的无道昏君。然而通过近些年来历史学界的研究，人们对武宗的认识有所改变，有人认为他追求个性解放，追求自由平等，为人平易近人，心地善良，是极具个性色彩的一个人。

将王阳明重打四十大板，谪迁至贵州龙场。

在龙场这既安静又困难的环境里，王阳明结合历年来的遭遇，日夜反省。一天半夜里，他忽然有了顿悟，这就是著名的"龙场悟道"。在后来的为官讲学的生涯中，继续体悟和实践，最后完成"心学"体系，在余姚中天阁讲学，门人三百。

正德十四年（1519年），王阳明用三十五天就平定了宁王朱宸濠的叛乱，并且生擒宁王朱宸濠，可谓速战速决、战果辉煌。很快，明武宗的宠臣江彬、张忠也赶到了。这些狡猾的宠臣想要谋夺王阳明的功劳，便到处散播流言。他们造谣说，王阳明在一开始就依附宁王共同反叛，到后来感到宁王必败，才转而捉拿宁王来将功补过的。

此时，嬉游成性的明武宗想到南方游玩，就美其名曰下诏亲征。武宗的大军刚刚到达良乡（今属北京房山区），王阳明的捷报就到了，上写自己将带着宁王到北京来献俘；但武宗仍然坚持以南征为名进行南游。朝廷上的奸臣们对待功臣居心叵测，王阳明非常担忧。

武宗皇帝此前曾从南京派来杭州一位太监张永，王阳明知道张永是个忠心体国的人，便与他合计如何应对此事。张永说："顺着皇上的意思，让皇上获得擒拿宁王的威名，才有挽回此事的可能；否则，若是皇上动怒，加上小人的煽风点火，后果难以预料。"于是，王阳明将宁王交给张永带给武宗皇帝，并且重新递上捷报，将擒拿宁王的功劳全部归功于皇帝亲征。之后，王阳明称病躲到了净慈寺中。张永在武宗面前极力称赞王阳明的忠心，武宗皇帝这才没有拿王阳明做文章。

王阳明将"知行合一"的大智慧实践得更彻底的是：嘉靖六年，王阳明已经五十六岁，他受命镇压广西思恩、田州等地瑶族、僮族的叛乱。由于朝廷政治黑暗，老百姓处在水深火热之中，广西常年动乱不已，朝廷曾派大将韩雍率大兵也没有解决问题。王阳明受命前赴广西。在平定瑶族叛乱之后，他大办学校，大兴教育，让瑶族人民读书明理，同时还可以参加科举考试进入官场，从此广西瑶乱一举平息，四百余年没有发生兵变。

综观王阳明的一生，他穷达行藏，文治武功。他的一生，就是"知行合一"的鲜明写照。

在王阳明那里，"知行合一"通俗地说，就是只有你去实践了，你才能拥有这个知识，你不去做，即使你看多少书，学多少理论，也无法真正获得这个知识。只有你真正身处其中了，才能学到真正的知识，每个人都不一样，别人无法代替，唯一的学习方法是身临其境，就是实践。

真三不朽室

　　王阳明故居的主体建筑——瑞云楼为重檐硬山、五间二弄的二层木结构楼房，有神仙瑞云送子传说，故名瑞云楼。楼下明间檐下悬有史树青先生题写的"瑞云楼"匾，明间前檐柱的檐联为"立德立功立言真三不朽，明理明知明教乃万人师"，内檐柱的檐联为"曾将大学垂名教，尚有高楼揭瑞云。"

中国古代教育智慧

朱熹

朱熹（1130年—1200年）字元晦，号晦庵，徽州婺源（今属江西）人，宋代理学的集大成者。他提出了"格物致知"的理论，创立了朱子学说，阐孔孟之道，集理学大成。其思想不仅影响中国元、明、清各代近七百年之久，成为官方哲学，被视为儒学正宗。近代，朱子学传入欧美，对西方国家也产生了不同程度的影响。

【原文】

爱问："昨闻先生'止至善'之教，已觉功夫有用力处。但与朱子'格物'之训，思之终不能合。"

先生曰："'格物'是'止至善'之功。既知'至善'即知'格物'矣。"

【译文】

徐爱问："昨天听了先生'止至善'的教导，我感到功夫有了着力的地方。但是我始终觉得您的见解和朱熹对'格物'的阐述无法达到一致。"

先生说："'格物'正是'止至善'的功夫。既然明白'至善'，也就明白了'格物'"。

【原文】

爱问："'尽心知性'何以为'生知安行'？"

先生曰："性是心之体，天是性之原。尽心即是尽性。'惟天下至诚为能尽其性，知天地之化育。''存心'者，必有未尽也。'知天'如知州、知县之'知'，是自己分上事，已与天为一。'事天'如子之事父、臣之事君，须是恭敬奉承，然后能无失。尚与天为二，此便是圣贤之别。至于'夭寿不贰'其心，乃是教学者一心为善，不可以穷通夭寿之故，便把为善的心变动了。只去修身以俟命，见得穷通夭寿有个命在，我亦不必以此动心。'事天'，虽与天为二，已自见得个天在面前。'俟命'便是未曾见面，在此等候相似，此便是初学立心之始，有个困勉的意在。今却倒做了，所以使学者无下手处。"

【译文】

徐爱问："'尽心知性'怎能说是'生知安行'呢？"

先生说："性是心的本体，天是性的根源。尽心也就是尽性。《中庸》上面说：'惟天下至诚为能尽其性，知天地之化育。''存心'就是没有尽心。'知天'的知犹如知州、知县的'知'，是自己应该做的，是天人合一。'事天'犹如子侍父、臣事君一样，务必毕恭毕敬地侍奉方可无闪失。此时，还是与天相对为二，这就是圣与贤的区别所在。至于'夭寿不贰'，它是教育人们一心向善，不能因环境优劣或寿命长短而把为善的心改变了。只去修身等待命运安排，认识到人的穷厄通达长寿短命是命中注定，我也不因此而心动。'事天'，虽与天相对为二，但已看见天正在眼前。'俟命'，就是不曾见面，在这里等待，这就是初学的人树立志向的开端，有迎难而上、砥砺自强的精神。而如今却倒过来去做，因此使学习的人无从着手。"

【原文】

爱曰："昨闻先生之教，亦影影见得功夫须是如此。今闻此说，益无可疑。爱昨晓思'格物'的'物'字，即是'事'字，皆从心上说。"

《中庸》

《中庸》原是《小戴礼记》中的一篇。也是中国古代讨论教育理论的重要论著。北宋程颢、程颐极力尊崇《中庸》。南宋朱熹又作《中庸集注》，并把《中庸》和《大学》《论语》《孟子》并称为"四书"。宋、元以后，《中庸》成为学校官定的教科书和科举考试的必读书，对古代教育产生了极大的影响。

中国古代教育智慧

听琴图

这幅画是宋徽宗赵佶的作品,由北京故宫博物院收藏。三个听众听琴,三种不同的神态,都刻画得惟妙惟肖,栩栩如生。本画描绘得相当精致,人物表情以及画面气氛,足以引人入胜。通过纤细的技法和迷人的色彩,把作品描绘得工整清丽,神妙无加。

先生曰:"然。身之主宰便是心,心之所发便是意,意之本体便是知,意之所在便是物。如意在于事亲,即事亲便是一物;意在于事君,即事君便是一物;意在于仁民、爱物,即仁民、爱物便是一物;意在于视、听、言、动,即视、听、言、动便是一物。所以某说无心外之理,无心外之物。《中庸》言'不诚无物',《大学》'明明德'之功,只是个诚意,诚意之功,只是个格物。"

先生又曰:"'格物'如孟子'大人格君心'之'格',是去其心之不正,以全其本体之正。但意念所在,即要去其不正,以全其正,即无时无处不是存天理,即是穷理。'天理'即是'明德','穷理'即是'明明德'。"

又曰:"知是心之本体,心自然会知。见父自然知孝,见兄自然知悌,见孺子入井自然知恻隐。此便是良知,不假外求。若良知之发,更无私意障碍,即所谓'充其恻隐之心'而仁不可胜用矣,然在常人,不能无私意障碍,所以须用'致知''格物'之功,胜私复理。即心之良知更无障碍,所以充塞流行,便是致其知。知致则意诚。"

【译文】

徐爱说:"昨天闻听先生的教导,我也隐约觉得功夫理当如此。现在听了先生这些具体的解释,疑虑全消。昨天清早我这样想,'格物'的'物',也就是'事',都是依心而说的。"

先生说:"说得好。身的主宰就是心,心之触发就是意,意的本源就是知,意之所在就是物。譬如,意在侍亲上,那么侍亲就是一物;意在事君上,那么事君就是一物;意在仁民、爱物上,那么仁民、爱物就是一物;意在视、听、言、动上,那么视、听、言、动就是一物。因此我认为无心外之理,无心外之物。《中庸》上说'不诚无物',《大学》中的'明明德'的功夫只是一个诚意,诚意的功夫,只是一个格物。"

先生接着说:"'格物'的'格'有如孟子所谓的'大人格君心'的'格',它是指去除人心的歪斜,保全本体的纯正。并且,在意念中就要去除歪斜以保纯正,亦即无时无处不是存天理,也就是穷理。'天理'即'明德','穷理'即'明明德'。"

先生又说:"知是心的本源,心自然能知。看见父母自然知道孝顺,看见兄长自然知道恭敬,看见小孩落井自然有同情之心。这就是良知,不必向外求取。如果良知显露,又无私欲迷惑,正是《孟子·尽心上》所谓'充其恻隐之心,而仁不可胜用矣。'但是,对于平常人而言,不可能没有私欲迷惑,因此,必定用'致知''格物'的功夫,从而战胜利欲、恢复天理。如此,人心的良知就再无障碍,能够彻底显露,这就是致良知。能致良知定可诚其意。"

格物致知

在中国古代儒家思想中,格物致知是一个重要概念,最早出自《礼记·大学》:"古之欲明明德于天下者,先治其国,欲治其国者,先齐其家;欲齐其家者,先修其身;欲修其身者,先正其心;欲正其心者,先诚其意;欲诚其意者,先致其知,致知在格物。物格而后知至,知至而后意诚,意诚而后心正,心正而后身修,身修而后家齐,家齐而后国治,国治而后天下平。"当时的"格物致知"与诚意、正心、修身等道德修养方法有关。"格物致知"的目的,是使人能达到诚意、正心、修身、齐家、治国的水平,从而追求儒家的最高理想——平天下。

中国古代教育智慧

洞天问道图

此图为明代戴进所作,纵210.5厘米,横83厘米,现由北京故宫博物院收藏。此图描绘轩辕黄帝至崆峒山向广成子问道的故事。图中山谷险道通往洞天,左侧峰突兀,右边长松茂蔚。山石用斧劈皴,人物作琴弦描,结构严谨,笔法秀劲,是南宋院体画法,属于戴进前期比较精微、优秀的佳作。

【原文】

爱问:"'道心常为一身之主,而人心每听命',以先生精一之训推之,此语似有弊。"

先生曰:"然。心一也。未杂于人谓之道心,杂以人伪谓之人心,人心之得其正者即道心,道心之失其正者即人心,初非有二心也。程子谓人心即人欲,道心即天理,语若分析,而意实得之。今曰道心为主,而人心听命,是二心也。天理人欲不并立,安有天理为主、人欲又从而听命者?"

【译文】

徐爱问:"《朱熹·章句·序》中'道心常为一身之主,而人心每听命',从先生对精一的解释来看,此话似乎不妥当。"

先生说:"是的。心亦一个心。没有夹杂人为因素的称道心,夹杂人为因素的称人心。人心若能守正即为道心,夹杂人为因素的称人心。人心若能守正即为道心,道心无能守正即为人心,非人生来就有两颗心。程子认为人心即私欲,道心即天理,如此好像把道心、人心分离开来,但意思正确。而朱子认为以道心为主,人心听从于道心,如此真正把一颗心分为两颗心了。天理、私欲不能共存,怎么会有以天理为主,私欲又听从于天理的呢?"

第三篇　陆澄录

【原文】

陆澄问:"主一之功,如读书则一心在读书上,接客则一心在接客上,可以为主一乎?"

先生曰:"好色则一心在好色上,好货则一心在好货上,可以为主一乎?是所谓逐物,非主一也。主一是专主一个天理。"

【译文】

陆澄问:"什么才算是主一的功夫?比如,读书就一心在读书上用功夫,接客就一心在接客上用功夫,这能否称为主一呢?"

先生答说:"迷恋美色就一心在美色上用功夫,贪爱财物就一心在财物上用功夫,这能称主一吗?这只叫逐物,不叫主一。主一,就是一心只在天理上。"

【原文】

问立志。

先生曰:"只念念要存天理,即是立志。能不忘乎此,久则自然心中凝聚,犹道家所谓'结圣胎'也。此天理之念常存,驯至于美大圣神,亦只从此一念存养扩充去耳。"

"日间工夫觉纷扰,则静坐。觉懒看书,则且看书。是亦因病而药。"

"处朋友,务相下则得益,相上则损。"

主一

好的老师就像医生一样,总是对症下药,因病施教。王阳明就是这样的一位良师。学生陆澄在日常修学过程中,进步很大,觉得自己"主一之功"做得不错,就和老师交流,"主一"就是专心致志地做事。王阳明就顺着学生陆澄的逻辑问,专心地好色,专心地贪财,难道也是"主一"吗?王阳明指出,"主一"是专主一个天理,而不是心逐外物。

中国古代教育智慧

汉武帝

汉武帝刘彻（前157－前87年），幼名刘彘，是汉朝的第五代皇帝。七岁被册立为太子，十六岁登基，在位五十四年。他的雄才大略、文治武功使汉朝成为当时世界上最强大的国家，他也因此成为了中国历史上伟大的皇帝之一。

【译文】

陆澄问怎样立志。

先生说："所谓立志，就是念念不忘存天理。若时刻不忘存天理，日子一久，天理自然会在心中凝聚，这就像道家所说的'结圣胎'。天理意念常存，能逐渐达到孟子讲的美、大、圣、神境界，并且也只能从这一意念存养扩充延伸。"

"如果白天做功夫觉得烦躁不安，那么就静坐。如果懒得看书，必须去看书，这也是对症下药，也是一种方法。"

"与朋友相交，务必彼此谦让，则会受益；彼此攀比，只能受损。"

【故事】

志节丈夫苏武

汉武帝时期，汉朝和匈奴双方互相派遣使者，以示友好。公元前100年，汉武帝派中郎将苏武拿着旌节，带着副手张胜和随员常惠，出使匈奴。

苏武送回了扣留的使者，送上礼物。正要回国时，却出了一件意外的事情。

苏武没到匈奴之前，有一个生长在汉朝的匈奴人，叫卫律，在出使匈奴后投降了匈奴。单于特别器重他，封他为王。卫律有一个部下叫做虞常，对卫律很不满意。他跟苏武的副手张胜原来是朋友，就暗地跟张胜商量，想杀了卫律，劫持单于的母亲，逃回中原去。

后来虞常的计划失败，被匈奴人捉住了。单于大怒，叫卫律审问虞常，还要查问出同谋的人来。单于认为虞常的背后一定有更大的人物撑腰。苏武作为汉朝的使者，被认为是此事的幕后指使人，而被俘投降是有辱汉朝朝廷脸面的。苏武想以身殉命，以示清白，被手下及时制止了。

单于见苏武是个有志节的汉子，就想招降他。为了纳降苏武，单于软硬兼施。派卫律把虞常杀了，又举剑威胁张胜，张胜贪生怕死，就投降了。卫律又举起剑威胁苏武，苏武不动声色。卫律只好又用高官厚禄劝说苏武，又被苏武怒斥了回去。

单于见苏武不屈服，就把他关在地窖里，茶饭全无，想用长期折磨的办法，逼他就范。这时候正是入冬天气，外面下着鹅毛大雪。苏武忍饥挨饿，渴了，就捧了一把雪止渴；饿了，扯一些皮带、羊皮片啃着充饥。忍受着饥渴的煎熬，苏武心中只有一个念头，死也不能投降。过了好几天，苏武居然没有饿死。

单于见折磨苏武没用，就把他送到北海（今贝加尔湖）边去放羊。单于认为在苦寒僻远之地，生存艰难，有坚强意志的人也坚持不了多久的，最后还不得乖乖地投降。

苏武到了北海，身边什么人都没有，几乎与外界断绝了一切联系。匈奴不给粮食，他就掘野鼠洞里的草根充饥。唯一和他作伴的是那

苏武像

苏武（前140年—前60年），字子卿，杜陵（今陕西西安西南）人。天汉元年（前100年），苏武以中郎将使匈奴，被单于所留。单于许以高官厚禄，又威逼利诱，都被苏武严词拒绝。后被流放到了人迹罕至的贝加尔湖边放羊达十九年之久，直到昭帝始元六年（前81年），才回到了长安。汉宣帝时，因拥立有功，被赐爵关内侯。

中国古代教育智慧

苏武牧羊图

此画为明代画家陈子和所作,苏武面部微仰,斜看寒柯,两袖拱胸前,不仅扶节,而且腰挂佩刀。两眼炯炯有神,正气凛然。背景用淡墨烘染,寒气逼人,衬托出了主题人物威武不屈的忠贞气质。

几头瘦羊,和支持他活下去的那根代表大汉朝廷的旌节。

在冰天雪地的北海,苏武日夜遥望长安,他思念武帝,思念亲人,想起故乡的一草一木。苏武的心中像油煎一样,他多么渴望早日回到汉朝,给武帝复命,见到家乡的亲朋啊!可要是让他以屈膝投降、出卖朝廷为条件,他是至死不从的。在寂寞漫长的岁月里,苏武的心中一直闪烁着一个意念:就是一定要完成自己的使命,一定要活着回到长安。这种强烈的信念和求生存的意志,让苏武一直坚持着,这一坚持就是十九年。

一直熬到了公元前85年,匈奴的单于死了,匈奴发生内乱,分裂为三个国家。新单于没有力量再跟汉朝打仗,又打发使者来求和。那时候,汉武帝已死去,他的儿子汉昭帝即位。汉昭帝派使者到匈奴去,才把苏武接回长安。

苏武出使的时候,才四十岁,是个精力充沛的中年男子。在匈奴受了十九年的折磨后,胡须、头发全白了。他回到长安的那天,长安的百姓都出来迎接他。百姓们看见白胡须、白头发的苏武手里拿着光杆子的旌节,没有一个不感动的。苏武在北海牧羊,坚守气节的故事也一代一代流传了下来。

古人云:胜人者力,自胜者强。在遇到困难或受到挫折的时候,人要有一种坚忍不拔的信念,不为外力所阻,不为流言所伤。人只要有了这种信念,就能最大限度地燃烧个人的潜能。像苏武一样,有志有节,拥有打不垮的信念,终会云散月明,成功在望!

苏武牧羊

此图出自清代画家黄慎之手。黄慎(1687年—1770年),字恭懋,号瘿瓢子,福建宁化人。为"扬州八怪"之一。此图以工写兼有的笔调,表现了苏武坚贞不渝的精神。苏武身着汉装,须发尽白,双手紧握旌节,目视着远方,沉静而又刚毅。

中国古代教育智慧

新建伯牌坊

王阳明为明王朝屡立奇功,功勋卓越,地位显赫,被皇帝封为新建伯。

【原文】

孟源有自是好名之病,先生屡责之。一日警责方已,一友自陈日来工夫请正。源从旁曰:"此方是寻著源旧时家当。"

先生曰:"尔病又发。"

源色变,议拟欲有所辨。先生曰:"尔病又发。"因喻之曰:"此是汝一生大病根。譬如方丈地内,种此一大树,雨露之滋,土脉之力,只滋养得这个大根。四傍纵要种些嘉谷,上面被此树叶遮覆,下面被此树根盘结,如何生长得成?须用伐去此树,纤根勿留,方可种植嘉种。不然,任汝耕耘培壅,只是滋养得此根。"

【译文】

孟源有自以为是、爱好虚名的毛病,因而受到老师的多次批评。一天,先生刚刚教训了他,有位朋友来谈自己近来的功夫,请先生指正。孟源却在一旁说:"这正好达到了我过去的水平。'

先生说:"你的老毛病又犯了。"

孟源立马变成个大红脸,正想为自己辩解。先生说:"你的老毛病又犯了。"接着开导他:"这正是你人生中最大的缺点。打个比方吧,在一块一丈见方的地里种一棵大树,雨露的滋润,土地的肥力,只能对这棵树的根供给营养。若在树的周围栽种一些优良的谷物,可是上有树叶遮住阳光，下被树根盘结，缺乏营养，它又怎能生长成熟？所以只有砍掉这棵树，连须根也不留，才能种植优良谷物。否则，任你如何耕耘栽培，也只是滋养大树的根。"

【原文】

问："后世著述之多，恐亦有乱正学。"

先生曰："人心天理浑然。圣贤笔之书，如写真传神，不过示人以形状大略，使之因此而讨求其真耳。其精神意气，言笑动止，固有所不能传也。后世著述，是又将圣人所画摹仿誊写，而妄自分析加增以逞其技，其失真愈远矣。"

【译文】

陆澄说："世上著述纷繁，恐怕只会破坏孔孟圣学吧！"

先生说："人心天理浑然一体。圣人把它著成书，仿佛写真传神，只是告诉人们一个总的轮廓，使人们依据轮廓而进一步探求真谛。圣人的精神气质、言谈举止，本来是不能言传的。后来的诸多著作，只是将圣人所画的轮廓再摹仿誊写一次，并妄自解析，添枝加叶，借以炫耀才华，与圣人的真精神背道而驰。"

【原文】

曰："然则所谓'冲漠无朕，而万象森然已具'者，其言何如？"

曰："是说本自好，只不善看，亦便有病

陆九渊

陆九渊（1139年—1192年），号象山，字子静。南宋著名哲学家、教育家。江西抚州金溪人。与当时著名的理学家朱熹齐名，史称"朱陆"。陆九渊是中国"心学"的创始人。明代王阳明发展其学说，成为中国哲学史上著名的"陆王学派"，对近代中国理学产生深远影响。著有《象山先生全集》。

中国古代教育智慧

瑞云楼

王阳明故居内的瑞云楼为重檐硬山、五间二弄的二层木结构楼房。楼下明间檐下悬有史树青先生题写的"瑞云楼"匾。王阳明诞生时,其祖母见神仙瑞云送子,遂将此楼称为瑞云楼。

痛。"

"义理无定在,无穷尽。吾与子言,不可以少有所得,而遂谓止此也。再言之十年二十年五十年、未有止也。"

他日又曰:"圣如尧、舜,然尧、舜之上善无尽;恶如桀、纣,使桀、纣未死,恶宁止此乎?使善有尽时,文王何以'望道而未之见'?"

【译文】

陆澄说:"既然如此,程颐先生说的'冲漠无联,而万象森然已具'的话对吗?"

先生说:"这句话本来说得很好,只是颇让人费解,也就有所偏颇。"

"天理没有固定不变的,是无穷尽的。我与你交流,不要因为稍有收获就以为如此而已。即使再与你谈十年、二十年,以至五十年,也永无止境。"

有一天,先生又说:"即使圣如尧、舜,然而在尧、舜之上,善也无穷尽;即使恶如桀、纣,然而在桀、纣之下,恶也无穷尽。倘若桀、纣不死,他们作的恶只有那些吗?倘若善能穷尽,周文王为什么还要'望道而未之见'呢?"

【故事】

学无止境

古人曰"满招损,谦受益",意思是说,自满必将招致损失,而谦虚则使人时时受益。

古人在列举谦之益的同时,又不断揭示傲之害。明代王阳明曾说:"人生大病,只是一傲字","傲为众恶之魁"。善无止境,功无止境,谦恭地学习是一种正确的态度,一种人生的大智慧。

读佛经的小和尚

从前有一个小和尚,他离开家乡到处寻找名师,想学到真正的武艺和修为。历经艰难,他终于找到了一位高僧,就恳求高僧收他为弟子。高僧见他一片诚心,又天资聪慧,便收下了他。

两年后,小和尚认为自己十八般武艺都学会了,得到了师父的真传,便不想再继续跟着师父参禅拜佛了,于是就向他的师父辞行,要下山去。高僧明白小和尚的心思,他并没有阻拦小和尚下山,而是自己取来一只木桶,让小和尚装满石头。装完后师父问他:"装满了吗?"他自信地说:"装满了,再也装不下了。"师傅又问:"能不能再往里面装一些沙子?"弟子便又装了一些沙子,特意添满了石头间的所有缝隙。于是走到师傅面前坚定地说:"这次真的装满了,不能再装任何东西了。"师傅舀了一大碗水,竟然又全部倒了进

中国古代教育智慧

深山古寺图

姜筠（1847年—1919年），清代画家，此画为姜筠1892年作。此图款识为：光绪壬辰在扬州与积余二兄仁世大人相聚尽欢，蒙赠积学斋丛书，快读累日，作此画报之，聊志景行之意即请雅正。颖生弟姜筠并记。

去。高僧再次问小和尚。小和尚惭愧地告诉师父："看上去满了，可是还能装下很多东西。"

这时，高僧又取来一只杯子，让小和尚往里面倒水。小和尚看杯子满了，就想停止倒水。高僧却说："不要停，继续倒。"结果杯子倒满了水后，多余的水都溢了出来。高僧这才让小和尚停止倒水，然后问他："满了还装得下别的东西吗？"小和尚满脸愧色，明白了师父的一片苦心，请求师父原谅他的无知，便不算提下山的事情了。

传习录的教育智慧

【原文】

问:"静时亦觉得意思好,才遇事便不同,如何?"

先生曰:"是徒如静养,而不用克己工夫也。如此,临事便要倾倒。人须在事上磨,方立得住,方能'静亦定,动亦定'。"

【译文】

陆澄问:"安静时我觉得自己的想法很好,一旦碰到事情,就不是那么回事了。这是什么缘故?"

先生说:"这是因为你只知在静中涵养,却没有下克己功夫。如此碰到事情,脚跟势必站不稳。人应该在事情上磨炼自己,才能立足沉稳,才能达到'静亦定,动亦定'的境界。"

【原文】

问:"'惟精'、'惟一'是如何用功?"

先生曰:"'惟一'是'惟精'主意,'惟精'是'惟一'功夫,非'惟精'之外复有'惟一'也。'精'字从'米',姑以米譬之。要得此米纯然洁白,便是'惟一'意。然非加舂簸筛拣'惟精'之工,则不能纯然洁白也。舂簸筛拣是'惟精'之功,然亦不过要此米到纯然洁白而已。博学、审问、慎思、明辨、笃行者,皆所以为'惟精'而求'惟一'也。他如'博文'者即'约礼'之功,'格物'、'致知'者即'诚意'之功,'道问学'

梅下横琴图

此画是明代画家杜堇的作品。此图描绘的是士人在山坡平台上抚琴赏梅的情景。老梅虬曲如苍龙盘空,红梅绽开,远处云雾中峰岫出没;士人倚坐树干,手抚琴弦,仰视梅花,旁有童子煮茶捧盏伺候。此图表达了文人高雅的情趣。笔调柔和精巧,人物刻画精细,面部略敷铅粉,衣褶劲利流畅,清新秀逸,自成一格。

中国古代教育智慧

十六字心传

"人心惟危,道心惟微;惟精惟一,允执厥中。"出自《尚书·大禹谟》。这十六个字是儒学乃至中国文化传统中著名的"十六字心传"。据传,这十六个字源于尧舜禹禅让的故事。当尧把帝位传给舜以及舜把帝位传给禹的时候,所托付的是天下与百姓的重任,是华夏文明的火种;而谆谆嘱咐代代相传的便是以"心"为主题的这十六个字。

即'尊德性'之功,'明善'即'诚身'之功,无二说也。"

"知者行之始,行者知之成。圣学只一个工夫,知行不可分作两事。"

"漆雕开曰:'吾斯之未能信。'夫子悦之。子路使子羔为费宰,子曰:'贼夫人之子。'曾点言志,夫子许之。圣人之意可见矣。"

【译文】

陆澄问:"怎样才能做到'惟精''惟一'呢?"

先生说:"'惟一'是'惟精'的主意,'惟精'是'惟一'的功夫,并非在'惟精'之外又有一个'惟一'。'精'的部首为'米',就以米来作比吧!要使米纯净洁白,这便是'惟一'的意思。如果没有舂簸筛拣这些'惟精'的功夫,米就不可能纯净洁白。舂簸筛捡是'惟精'的功夫,其目的也不过是为了让米纯净洁白。博学、审问、慎思、明辨、笃行,都是为了获得'惟一'而进行的'惟精'功夫。其他的比如,'博文'是'约礼'的功夫,'格物''致知'是'诚意'的功夫,'道问学'是'尊德性'的功夫,'明善'是'诚身'的功夫,除此而外别无解释。"

"知为行的开始,行为知的结果。圣学只有一个功夫,知行不能分开当作两码事。"

"漆雕开说:'吾斯之未能信',孔子听十

分满意。子路让子羔做费城的邑宰，孔子说：'这是去残害别人家的孩子'。曾点谈论自己的志向，得到孔子的称赞。圣人之意一目了然啊！"

【原文】

问："知识不长进，如何？"

先生曰："为学须有本原，须从本原用力，渐渐'盈科而进'。仙家说婴儿，亦善譬。婴儿在母腹时，只是纯气，有何知识？出胎后，方始能啼，既而后能笑，又既而能识认其父母兄弟，又既而后能立、能行、能持、能负，卒乃天下之事无不可能。皆是精气日足，则筋力日强，聪明日开。不是出胎日便求推寻得来。故须有个本原。圣人到位天地、育万物，也只从喜怒哀乐未发之中上养来。后儒不明格物之说，见圣人无不知、无不能，便欲于初下手时讲求得尽，岂有此理？"又曰："立志用功，如种树然。方其根芽，犹未有干。及其有干，尚未有枝。枝而后叶，叶而后花、实。初种根时，只管栽培灌溉，勿作枝想，勿作叶想，勿作花想，勿作实想。悬想何益？但不忘栽培之功，怕没有枝叶花实？"

【译文】

陆澄问："知识不见长进，如何是好？"

先生曰："为学必须有个根本，要从根本上下苦功夫，循序渐进。仙家用婴儿作比，也十分精辟。婴儿在母腹中，纯是一团气，有什么知识？脱离母体后，方能啼哭，而后会笑，后来又能认识父母兄弟，逐渐

传习录的教育智慧

水阁清幽图

此图出自元代画家黄公望之手，写深山隐居之景。远处峦峰坡石跌宕交错，丛树虚漾隐约。溪水自林木丛中绕过隐落的山房，蜿蜒而前。溪岸两旁，杂木繁茂，枝叶葱郁，青翠欲滴。在构图及用笔上，旨在描绘淡然、静寂的意境。

中国古代教育智慧

阳明洞大门

阳明洞又名东洞。明正德三年（1508年）秋，王阳明谪居龙场驿时，由玩易窝迁居至此，更名为"阳明小洞天"，在此创办龙岗书院，传播文化，由此大兴全国书院讲学之风。

能站、能走、能拿、能背，最后天下的事无所不能。这都是他的精神日益充足，筋力日益强壮，智慧日益增长。这并非从母体娩出后所能推究得到的。所以要有一个本源。圣人能让天地定位、万物化育，也只是从喜怒哀乐未发之中修养得来。后世儒生不明白格物的学说，看到圣人无所不晓、无所不会，就想在开始时把一切彻底研究，哪有这番道理？"先生接着说："立志用功，像是种树一样。开始生根芽，没有树干；有了树干，没有枝节；有了枝节，然后有树叶；有了树叶，然后有花果。刚种植树，只顾栽培浇灌，不要想枝，不要想叶，不要想花，不要想果。空想有何益？只要不忘记栽培浇灌的功夫，何愁没有枝叶和花果？"

【原文】

问："看书不能明，如何？"

先生曰："此只是在文义上穿求，故不明。如此，又不如为旧式学问。他到看得多，解得去。只是他学虽极解得明晓，亦终身无淂。须于心体上用功。凡明不得，行不去，须反在自心上体当，即可通。盖四书、五经不过说这心体，这心体即所谓'道心'，体明即是道明，更无二。此是为学头脑处。"

"虚灵不昧，众理具而万事出。心外无理，心外无事。"

【译文】

陆澄问："读书而不懂，如何是好？"

先生说："这主要是因为仅在文字意思上探求，所以不明白。如此，倒不如去学程朱的学问。他们看得多，解释也通。只是他们虽然讲得清楚明白，但终生所得须在心体上下苦功夫，大凡不明白、行不通的，必须返回自身，在自己心上体会，这样就能通。四书、五经说的是心体，亦所谓有'道心'，体明即道明，再无其他。这正是为学的关键所在。"

"虚灵不昧之心体，众理具备而万事由此产生。心外无理，心外无事。"

【原文】

一日，论为学工夫。

先生曰："教人为学，不可执一偏。初学时心猿意马，拴缚不定，其所思虑，多是人欲一边。故且教之静坐，息思虑。久之，俟其心意稍定。只悬空静守，如槁木死灰，亦无用。须教他省察克治，省察克治之，功则无时而可间，如去盗贼，须有个扫除廓清之意。无事时，将好色、好货、好名等私逐一追究搜寻出来，定要拔去病根，永不复起，方始为快。常

四书五经

四书五经是四书和五经的合称，是中国儒家经典的书籍。四书指的是《论语》《孟子》《大学》和《中庸》；而五经指的是《诗经》《尚书》《礼记》《周易》和《春秋》，简称为"诗、书、礼、易、春秋"，在之前，还有一本《乐经》，合称"诗、书、礼、乐、易、春秋"，这六本书也被称作"六经"，其中的《乐经》后来亡佚了（焚书坑儒导致），就只剩下了五经。四书五经是南宋以后儒学的基本书目，儒生学子的必读之书。

中国古代教育智慧

湖亭秋兴图

此图为清代画家黄慎的作品。图中山石岐嶒，古树苍郁，湖水微波，亭内外人物形神皆备，各具情态，笔墨清润沉静。

如猫之捕鼠，一眼看着，一耳听着。才有一念萌动，即与克去。斩钉截铁，不可姑容，与他方便。不可窝藏，不可放他出路。方是真实用功。方能扫除廓清，到得无私可克，自有端拱时在。曰'何思何虑'，非初学时事。初学必须思省察克治，即是思诚，只思一个天理，到得天理纯全，便是'何思所虑'矣。"

【译文】

一天，师生共同探讨做学问的功夫。

先生说："教人做学问，不可偏执于一端。初学之始，三心二意，心神不宁，所考虑的大多是私欲方面的事。因此，应该教他静坐，借以安定思绪。时间放长一点，待他心意略有安定。但若一味悬空守静，槁木死灰一般，也没有用。此时必须教他做省察克治的功夫。省察克治的功夫就没间断的时候，好比铲除盗贼，要有彻底杜绝的决心。无事时，将好色、贪财、慕名等私欲通通搜寻出来，一定要连病根拔去，使它永不复发，方算痛快，好比猫逮鼠，眼睛盯着，耳朵听着。摒弃一切私心杂念，态度坚决，不给老鼠喘息的机会。既不让老鼠躲藏，也不让它逃脱，这才是真功夫。如此才能扫尽心中的私欲，达到彻底干净利落的地步，自然能做到端身拱手。所谓'何思何虑'，并非初学之事。初学时必须思考省察克治的功夫，亦即思诚，只想一个天理，等到天理完全纯正时，也就是'何思何虑'了。"

【故事】

"三年不窥园"的董仲舒

"三年不窥园",讲的是汉代大思想家董仲舒小时候的故事,是说董仲舒专心致志读书,三年都不看一眼花园,终于成为大思想家。

董仲舒自幼天资聪颖,少年时酷爱学习,读起书来常常忘记吃饭和睡觉。他的父亲董太公看在眼里急在心上,很为董仲舒瘦弱的身体发愁。为了分散董仲舒的注意力,让他多锻炼身体和娱乐一下,董太公决定在宅后修筑一个大花园,让孩子能有机会到花园散散心换换脑子。

董太公一边派人到南方学习,看人家的花园是怎样建的,一边准备砖瓦木料。过了几个月,园里阳光明媚、绿草如茵、鸟语花香、蜂飞蝶舞。姐姐们多次邀请董仲舒到园中玩。他却手捧竹简,只是摇头,继续埋头看竹简,学习《春秋》,背诵《诗经》。

又过了几个月,小花园建起了假山。邻居、亲戚的孩子纷纷爬到假山上玩。小伙伴们叫他,他动也不动低着头,在竹简上刻写诗文,头都顾不上抬一抬。

一年后,花园建成了。董家的亲戚朋友都携儿带女前来观看,都夸董家花园漂亮精致。父母叫仲舒去玩,他只是点点头,仍埋头学习。中秋节晚上,董仲舒全家在花园中边吃月

董仲舒

董仲舒(前179年—前104年),广川人(今河北景县)。汉代思想家、政治家。他建议汉武帝"罢黜百家,表章六经",使儒学成为中国社会的正统思想,影响长达两千多年。他还提出了天人感应、三纲五常等儒家理论。

中国古代教育智慧

董仲舒祠堂遗址

董仲舒祠堂遗址位于河北省枣强县王常乡后旧县村村西，祠堂始建于明代。现董仲舒祠堂遗址上，保存有董仲舒保护室、董仲舒石像等。

饼边赏月，可就是不见董仲舒的踪影。原来董仲舒趁家人在赏月之机，又找先生研讨诗文去了。

随着年龄的增长，董仲舒的求知欲越来越强烈，他仍然保持专心致志读书学习的好习惯，遍读了儒家、道家、阴阳家、法家等各家书籍，终于成为令人敬仰的儒学大师。

专心致志，学有所成。成功者的奥秘在于对学习的痴迷和专心致志地攻读。精诚专一是学习效果良好的重要内因。古人云："读书有三到：心到、眼到、口到。"读书时必须培养起抗干扰、专心致志的本领，才能有所收获。

【原文】

问仙家元气、元神、元精。

先生曰:"只是一件,流行为气,凝聚为精,妙用为神。"

"喜、怒、哀、乐本体自是中和的。才自家着些意思,便过不及,便是私。"

问:"哭则不歌。"

先生曰:"圣人心体自然如此。"

"克己须要扫除廓清,一毫不存,方是。有一毫在,则众恶相引而来。"

【译文】

有人请教,道家所谓的元气、元神、元精是指什么?

先生说:"三者是一个事物。气即流动,精即凝聚,神即妙用。"

"喜怒哀乐,本体原为中和。自己一旦有别的想法,稍有过分或达不到,便是私欲。"

陆澄问道:"为什么哭了就不唱歌?"

先生说:"圣人的心体,自然是这样的。"

"克己务心彻底干净,一点私欲都没有才算可以。有一点私欲存在,众多的邪恶就会接踵而至。"

【原文】

"与其为数顷无源之塘水,不若为数尺有源之井水,生意不穷。"

时先生在塘边坐,旁有井,故以之喻学云。

八十七神仙图卷(局部)

此画是唐代画家吴道子的作品。吴道子(680年—759年),玄宗赐名道玄,被后世尊称为"画圣",被民间画工尊为祖师。

中国古代教育智慧

湖山书屋图

此图为明代画家王绂四十九岁时所作。写太湖一带景色，岛屿错落，渔家撒网，农人赶车，学子吟唱。以幽淡清远的笔墨，倾注着作者对家乡浓厚的眷恋之情。以圆熟的笔调，勾皴山石。在构图上，按山川形状，生活情理，安排舟楫、溪桥等景物，使画面散而有物，聚而不塞，处处成景，极有江南烟霭微茫之气，堪称杰作。

问："世道日降，太古时气象如何复见得？"

先生曰："一日便是一元。人平旦时起坐，未与物接，此心清明景象，便如在伏羲时游一般。"

【译文】

"与其掘一个数顷之大的没有源泉的池塘，倒不如挖一口数尺之深的有源泉的水井，如此，水源就会常流而不枯竭。"

其时，先生正坐在池塘边，身旁有一口井，所以就用这个来比喻做学问。

有人问："世道日渐衰微，远古时的清时气象如何能再看见呢？"

先生说："一天即为一元。从清晨起床后坐着，还未应事接物，此时心中的清时景象，好像在伏羲时代遨游一般。"

【原文】

问："民要逐物，如何则可？"

先生曰："人君端拱清穆，六卿分职，天下乃治。心统五官，亦要如此。今眼要视时，心便逐在色上；耳要听时，心便逐在声上。如人君要选官时，便自去坐在吏部；要调军时，便自去坐在兵部。如此,岂惟失却君体,六卿亦皆不得其职。"

"善念发而知之,而充之。恶念发而知之,而遏之。知与充与遏者,志也,天聪明也。圣人只有此,学者当存此。"

【译文】

有人问:"心要追求外物,怎么办?"

先生说:"国君身拱手清穆,六卿各司其职,天下一定大治。人心统领五官,也要如此。如今眼睛要看时,心就去追求美色;耳朵要听时,心就去追求美声。就像君王要挑选官员,就亲自到吏部;要调遣军队,就亲自去军营。这样,不仅君王的身份荡然无存,六卿也不能尽职尽责。"

"善念萌生,要知道并加以扩充。恶念萌生,要知道并加以扼制。知道、扩充、扼制,是志,是天赋予的智慧。圣人唯有这个,学者应当存养它。"

【原文】

问:"伊川谓'不当于喜怒哀乐未发之前求中',延平却教学者看未发之前气象,何如?"

先生曰:"皆是也。伊川恐人于未发前讨个中,把中做一物看,如吾向所谓认气定时做中,故令只于涵养省察上用功。延平恐人未便有下手处,故令人时时刻刻求未发前气象,使人正目而视惟此,倾耳而听惟此,即是'戒慎不睹,恐惧不闻'的工夫。皆古人不得已诱人

传习录的教育智慧

程颐

程颐(1033年—1107年),字正叔,人称伊川先生,北宋洛阳人。教育家。为程颢之胞弟,与其兄共创"洛学",为理学奠定了基础。其著作被后人辑录为《河南二程全书》《程颐文集》《易传》和《经说》。

中国古代教育智慧

汉和帝

汉和帝刘肇（79年—105年），是东汉第四位皇帝，公元88年—105年在位，在位十七年，享年二十七岁，他是汉章帝次子，母亲梁贵人。刘肇死后谥号为孝和皇帝，庙号穆宗，葬于慎陵。

之言也。"

【译文】

有人问："程颐先生曾说过'不当于喜怒哀乐未发之前求中'，李延平先生却教育学生看未发之前的景象，他们二人谁正确呢？"

先生说："都正确。程颐先生害怕学生在未发之前寻求一个中，把中当作一件东西看待，宛若我曾说的把气定当作中，因此教育学生只在涵养省察上用功。李延平先生担心学生找不到学习下手处，因此教育学生时时刻刻寻求未发之前景象，让人正目所看、倾耳所听都是未发之前的景象，也就是《中庸》上讲的'戒慎不睹，恐惧不闻'的功夫。这些全是古人为教导人不得已才说的话。"

【故事】

心地善良的戴封

戴封是东汉济北郡刚（今宁阳县）人。东汉和帝时官至太常，居九卿之首。他少时聪明过人，读书过目不忘。善解人意，处事谦和。对上孝、对友敬、对下帮，深得众人敬爱。

戴封十五岁到太学院学习，拜东海申君为师，尊师如父，后来申君病死，他守孝三天，还亲自去东海送丧。太学院学习结业的时候，他的好友石敬平突然病死，戴封悲痛万分，在床前守灵，购置寿衣，用太学配给的粮食换了口棺材，并且亲送亡友回家。石敬平家乡的众人都为之赞美，说："有朋众多，不如知友一人啊,贤哉。"可就在戴封返京城长安的路上,遭遇到了盗贼,他所带的财物全被掠去了,只剩下七匹用以书文写字的缣帛没被路贼发现。后来,戴封摸清盗贼的住所,把那七匹帛送给众贼,说:"我知道诸位家道甚贫,为养老带少,顾及温饱才如此劫掠。不然,你等不会做贼的,用这布帛换些钱粮解家中之困吧。"众贼不相信有这等好事,一时惊愕,都感动的落下眼泪,哭诉说:"你是贤良之人啊,我等做贼本丧天良,你不但不恨我等,而且还跟踪给予周济,从今饿死也不做贼。"

和帝永元三年(91年),戴封被举为寿廉、光禄封主事。后来,他的伯父去世了,戴封便奔丧辞官三年。

永元六年(94年),刘肇下诏,要求各地推举品德高尚、敢于直言谏事的人。泰山郡郡守举荐戴封,用官车送他晋见和帝。刘肇举行殿试,先试品德操守,再考学识才华,后验办事能力和年龄体貌等,戴封各项表现都非常优秀,获得了殿试榜首,被赐封礼部侍郎。

汉和帝皇后邓绥

邓绥(81年—121年),南阳新野人,汉和帝皇后,史称邓太后,中国历史上第一个垂帘听政的女皇后。她十五岁应选入官,十六岁封为贵人。因姿容秀美,宽怀大度,谨慎守成,在后官很有威信,深受汉和帝喜爱。二十一岁时被立为皇后。和帝驾崩后,她临朝听政。在她执政期间,水旱十载,四夷外侵,盗贼内起,她日夜操劳,躬自处置,增收节支,减轻赋税,救济灾民,终使岁还穰丰,百姓安居乐业。

中国古代教育智慧

祈雨

民谚云：年年防旱，夜夜防贼。在靠天吃饭的时代，往往是种在地下，收在天上。每逢旱灾严重之时，人们便要举行隆重的祈雨仪式，祈求天降甘霖，泽润苍生。我国古代文献曾多次记载成汤以身为民祈雨的故事。祈雨就是求雨。它是一种民间活动，是中国农民生活的真实写照，反映了人们在恶劣的自然生活环境中，渴望创造美好的生活。现在，随着水利建设的发展，这种习俗几乎完全消失，只有极少地方存留。

后来，戴封任职西华县令，在此期间，他做了三件事，感民至深。一是巧设障物治蝗灾。戴封一到任，西华县就发生了波及汝颖郡的特大蝗灾。蝗虫飞起，遮天蔽日，每落一处，庄稼树木一食而光，秸秆无存，蝗虫食遍了周边县境，唯独不敢入西华县境。原因是戴封上任的第二天就预知蝗虫袭食，紧急动员民众在县界布障物，蝗虫遇障即逃。二是西华县大旱，草禾干枯。当时祈祷苍天降雨是常用之法，在一连几天祈祷无效的情况下，戴封令手下堆积干柴，他坐在柴垛上让人点燃，欲用自焚感动苍天。下人不忍点火，他自己燃着柴垛，火苗冉冉上升时，顿时大雨倾盆，浇灭了火苗。三是破格放犯人回家探亲，以善待人。中山郡狱内监押四百多犯人，即将行刑，正赶上戴封上任。他见犯人蓬头垢面、刑伤累累。虽为犯罪，也想念老幼妻儿。于是，戴封给他们规定了返回日期，全放回探亲，同家人团聚几天。属下劝戴封不要轻信犯人，戴封说："以诚待他们，他们一定不会欺骗我，诚者胜刀枪。"果然规定日期一到，犯人全部都回来了。

永元十二年（100年），和帝下旨褒扬戴封的美德，擢升他为太常侍。

第四篇　薛侃录

【原文】

希渊问："圣人可学而至，然伯夷、伊尹于孔子才力终不同，其同谓之圣者安在？"

先生曰："圣人之所以为圣，只是其心纯乎天理而无人欲之杂。犹精金之所以为精，但以其成色足而无铜铅之杂也。人到纯乎天理方是圣，金到足色方是精。然圣人之才力，亦有大小不同，犹金之分两有轻重。尧、舜犹万镒，文王、孔子犹九千镒，禹、汤、武王犹七八千镒，伯夷、伊尹犹四五千镒。才力不同，而纯乎天理则同，皆可谓之圣人。犹分两虽不同，而足色则同，皆可谓之精金。以五千镒者而入于万镒之中，其足色同也。以夷、尹而厕之尧、孔之间，其纯乎天理同也。盖所以为精金者，在足色，而不在分两。所以为圣者，在纯乎天理，而不在才力也。故虽凡人，而肯为学，使此心纯乎天理，则亦可为圣人。犹一两之金，比之万镒，分两虽悬绝，而其到足色处，可以无愧。故曰'人皆可以为尧舜'者以此。学者学圣人，不过是去人欲而存天理耳。犹炼金而求其足色，金之成色所争不多，则锻炼之工省，而功易成。成色愈下，则锻炼愈难。人之气质清浊粹驳，有中人以上、中人以下，其于道有生知安行、学知利行，其下者必须人一己百、人十己千，及其成功则一。后

舜帝

舜帝，姓姚，传说目有双瞳而取名"重华"，号有虞氏，故称虞舜，中华民族道德文化的创始人。舜二十岁时因为孝顺而闻名，三十岁时被尧举用，五十岁时代理天子政务，五十八岁时尧逝世，六十一岁时接替尧登临天子之位。登位三十九年，到南方巡视，在南方苍梧的郊野逝世。死后，禅位于禹。

中国古代教育智慧

文王

文王,中国古代的圣人,姓姬,名昌,季历之子,武王之父,周朝初期的明君,在位五十年,为周朝的建立打下了坚实的基础。发明了"文王八卦",《史记》记载"文王拘而演周易",文王在被商囚禁期间写了《周易》一书。

世不知作圣人之本是纯乎天理,欲专去知识、才能上求圣人,以为圣人无所不知、无所不能,我须是将圣人许多知识、才能逐一理会始得。故不务去天理上着工夫。徒弊精竭力,从册子上钻研,名物上考察,迹形上比拟。知识愈广而人欲愈滋,才力愈多而天理愈蔽。正如见人有万镒精金,不务锻炼成色,求无愧于彼之精纯,而乃妄希分两,务同彼此之万镒,锡、铅、铜、铁杂然而投,分两愈增而成色愈下,既其梢末,无复有金矣。"

时曰仁在旁曰:"先生此喻,足以破世儒支离之惑,大有功于后学。"

先生又曰:"吾辈用功,只求日减,不求日增。减得一分人欲,便是复得一分天理,何等轻快脱洒,何等简易!"

【译文】

蔡希渊问:"人固然可以通过学习成为圣贤,但是,伯夷、伊尹和孔子相比,在才力上终究有所不同。孟子把他们同称为圣人,原因何在?"

先生说:"圣人之所以为圣人,只因他们的心纯为天理而不夹杂丝毫人欲。犹如精金之所以为精金,只因它的成色充足而没有掺杂铜、铅等杂质。人到纯为天理才为圣人,金到足色才为精金。然而,圣人的才力,也有大小之分,犹如金的分量有轻重。尧、舜如同万金之镒,文王、孔子如同九千之镒,禹、汤、武王如同七八千之镒,伯夷、伊尹如同

传习录的教育智慧

四五千之镒。才力各异,而纯为天理相同,都可称为圣人。犹如金的分量不同,而只要在成色上相同,都可称为精金。把五千镒放入万镒之中,成色一致。把伯夷、伊尹和尧、孔子放在一块,他们的纯为天理同样一致。之所以为精金,在于成色足,而不在分量的轻重。之所以为圣人,在于纯乎天理,而不在才力大小。因此,平常之人只要肯学,使己心纯为天理,同样可成为圣人。比如一两精金,和万镒之金对比,分量的确相差很远,但就成色足而言,则是毫不逊色。所以说'人皆可以为尧舜',根据的正是这一点。学者向圣人学习,只不过是去人欲而存天理罢了。好比炼金求成色充足,金的成色相差不大,锻炼的工夫可节省许多,容易成为精金。成色越差,锻炼越难。人的气质有清纯浊杂之分,有中人以上、中人以下之别。对于道来说,有生知安行、学知利行的不同。资质低下的人,必须是别人用一分力,自己用百分力;别人用十分力,自己用千分力,最后所取得的成就是相同的。后世之人不理解圣人的根本在于纯为天理,只想在知识才能上求做圣人,认为圣人无所不知、无所不能,我只需把圣人的许多知识才能一一学会就可以了。因此,他们不从天理上下功夫,白白耗费精力,从书本上钻研,从名物上考察,从形迹上摹仿。这样,知识越渊博而人欲越滋长,才能越高而天理越被遮蔽,正如同看见别人有万镒之精金,不肯在成色上锻炼自己的金子以求无逊

伊尹

伊尹,名挚,今山东莘县人,是商朝初年著名的丞相、政治家。他本是有莘氏的陪嫁奴隶,后被商汤提拔为宰相。公元前1600年,他辅助商汤灭夏立商。伊尹辅佐商朝五代君主五十余年,为商朝立下汗马功劳。沃丁八年(前1549年),伊尹逝世,终年一百岁。沃丁以天子之礼把伊尹安葬在商汤陵寝旁,以表彰他对商朝做出的伟大贡献。

中国古代教育智慧

于别人的精金,只妄想在分量上赶超别人的万镒,把锡、铅、铜、铁都夹杂进去,如此分量是增加了,但成色却越低下,炼到最后,不再有金子了。"

这时,徐爱在一旁说道:"先生这个比喻,足以击破世儒支离的困惑,对学生大有裨益。"

先生接着说:"我们做功,但求日减,不求日增。减去一分人欲,便又多得一分天理,如此。多么轻快洒脱,多么简捷便易啊!"

【原文】

士德问曰:"格物之说,如先生所教,明白简易,人人见得。文公聪明绝世,于此反有未审,何也?"

先生曰:"文公精神气魄大,是他早年合下便要继往开来,故一向只就考索著述上用功。若先切己自修,自然不暇及此。到得德盛后,果忧道之不明。如孔子退修六籍,删繁就简,开示来学,亦大段不费甚考索。文公早岁便著许多书,晚年方悔,是倒做了。"

【译文】

杨士德问:"格物之学说,诚如先生所教诲的,简单明了,人人皆懂。朱熹先生聪明盖世,而对格物的阐释反而不准确,这是怎么回事?"

先生说:"朱熹先生的精神气魄宏伟,早年他下定决心要继往开来,所以,他一直在考

岳麓书院

岳麓书院位于长沙岳麓山东面山下,为我国古代四大书院之一。自北宋开宝九年(976年)正式创立以来,历经宋、元、明、清各代,几经易名,从1926年正式定名为湖南大学至今,已历经千年,弦歌不绝,世称"千年学府"。南宋理学家朱熹等曾在此讲学,据说,鼎盛时期从学有十人之众。

索和著述上苦下功夫。如果先切己自修，自然无暇顾此。等到德行高时，果然忧虑大道不行于世。拿孔子来说，修六艺删繁为简，多少考察。朱熹早年之时就写了不少书，到晚年时才后悔，认为功夫给做颠倒了。"

【原文】

士德曰："晚年之悔，如谓'向来定本之误'，又谓'虽读得书，何益于吾事'，又谓'此与守旧籍，泥言语，全无交涉'，是他到此方悔从前用功之错，方去切己自修矣。"

曰："然。此是文公不可及处。他力量大，一悔便转。可惜不久即去世，平日许多错处，皆不及改正。"

【译文】

杨士德说："朱熹先生晚年无尽后悔，他说'向来定本之悟'，又说'虽读得书，何益于吾事''此与守旧籍，拘泥言语，全无交涉'，这些话，表明他此时才发现从前的功夫不对头，方开始切己自修。"

先生说："是的。这正是人们不及朱熹先生之处。他力量大，一后悔就改正。令人惋惜的是，之后不久就去世了，过去诸多错误都来不及改正。"

朱熹

朱熹，十九岁中进士，授徒讲学近五十年。他是宋代理学的集大成者，继承了北宋程颢、程颐的理学，完成了客观唯心主义的体系。认为理是世界的本质，"理在先，气在后"，提出"存天理，灭人欲"。朱熹学识渊博，对经学、史学、文学、乐律乃至自然科学都有一定的研究。主要著作有《四书章句集注》等。

中国古代教育智慧

周处擒蛟龙

周处（236年－297年），字子隐。东吴吴郡阳羡（今江苏宜兴）人，鄱阳太守周鲂之子。周处年少时纵情肆欲，为祸乡里。后来浪子回头，改过自新，功业更胜乃父，留下"周处除三害"的传说。吴亡后周处仕西晋，刚正不阿，因得罪权贵，被派往西北讨伐氐羌叛乱，于沙场遇害。

【故事】

过而能改的周处

知错就改，这是为人处世最重要的一点。孔子说："过则勿惮改。"意思是犯了过错，就要及时改正。像周处一样，犯了错能及时改正，仍会得到别人的尊重。

周处是三国东吴名将周鲂的儿子。他小时候顽皮得不得了，欢喜弄枪弄棒，力气又大，看到哪个不顺眼，拔出拳头就打，还总是胡作非为。很多人都吃过他的苦头，没有一个不恨他，但由于出身豪门，拿他又没办法。所以，当时的周处深为乡亲们所恨。

周处的家乡有河有山，河中有条蛟龙，山上有只白额虎，一直祸害百姓。当地的百姓称他们是三大祸害，其中周处最为厉害。

一天，周处刚打死一家小酒馆老板的狗，正威风地往城门口走，就听到一个老头儿在连声叹息："三害不除，人心不宁。"周处非常好奇，就上去询问老人，是哪三害，老人解释

传习录的教育智慧

道:近年来南山出了一只吊睛白额老虎,白天里都敢出来伤人;长桥底下一只蛟龙,年年要供祭它一个童男,否则兴风作浪,不知要伤多少人命。如今又出了一个周处,横行乡里,为非作歹。连同南山白额虎,长桥水中蛟,已成为三害了,老百姓还有好日子过吗?

周处听了,一下子愣住了。没想到自己在乡里人眼里竟然成了祸害,自己真是空有一身本领。他沉默了一阵,毅然对老人说:"这三害,我一定除了他们!"

事实上,老人是故意激周处的。原来乡里人是希望周处和蛟龙、猛虎相互拼杀,两败俱伤。周处拿弓背箭,上山射死了老虎,又去下河斩杀蛟龙。蛟龙在水里有时浮起有时沉没,漂游了几十里远,周处一直同蛟龙搏斗。过了三天三夜,周处还没有回来。当地的百姓们非常高兴,都喝酒表示庆贺。

第四天,周处杀死了蛟龙从水中出来了。他听说乡里人以为自己已死而庆贺的事情,才意识到自己平日罪恶深重,一时还得不到大家的原谅。二害已除,剩下一害就是自己了,周处悔恨不已。于是便到吴郡去找陆机和陆云两位有修养的名人。陆机不在,只见到了陆云,他就把全部情况告诉了陆云,并说:"自己想要改正错误,可是岁月已经荒废了,怕是不能有什么成就。"陆云说:"古人珍视道义,认为'朝闻道,夕死可矣',况且你还年轻,还是有希望的。"周处听后就决定改过自新,好

金陵周处台

此画为张大千所作。张大千(1899年—1983年),四川内江人,二十世纪中国画坛最具传奇色彩的国画大师。他早期专心研习古人书画,特别在山水画方面卓有成就。此外,书法、篆刻、诗词都无所不通。后旅居海外,画风工写结合,重彩、水墨融为一体,尤其是泼墨与泼彩,开创了新的艺术风格。

中国古代教育智慧

周处台遗址

周处台，地处南京城东南隅老虎头旁。周处台相传是周处任东吴东观左丞时的堂宅，有说是周处出仕前读书之处。

好做人。

从这以后，周处就拜陆机、陆云为师，开始刻苦读书，认真学习，人品越来越高尚，人们也越来越尊敬他。经过严格自律和不懈地努力，后来，周处终于成为一代名将，成就超过了他的父亲。从此，周处改过自新的事迹也被传为佳话。

传习录的教育智慧

【原文】

侃去花间草。因曰:"天地间何善难培,恶难去?"

先生曰:"未培未去耳。"少间,曰:"此等看善恶,皆从躯壳起念,便会错。"

侃未达。

曰:"天地生意,花草一般。何曾善恶之分?子欲观花,则以花为善,以草为恶。如欲用草时,复以草为善矣。此等善恶,皆由汝心好恶所生,故知是错。"

曰:"然则无善无恶乎?"

曰:"无善无恶者理之静,有善有恶者气之动。不动于气,即无善无恶,是至善。"

【译文】

薛侃在清除花中草时,顺便问道:"为什么天地之间善难培养,恶难铲除?"

先生说:"既未培养,也未铲除。"过了片刻,先生说:"如此看待善恶,只是从形体上着眼,自然有错。"

薛侃不理解话中之意。

先生说:"天地间的生命,如花草一般。何曾有善恶之别?你想赏花,即以花为善,以草为恶。若要利用草时,又以草为善了。这些善恶都是由人心的好恶而产生的,所以从形体上着眼看善恶是错误的。"

薛侃问:"岂不是无善无恶了?"

先生说:"无善无恶是理之静,有善有恶是因气动而产生的。不为气所动,就是无善无

秋舸清啸图

此画为元代画家盛懋所作。图绘远景山峦平缓,近岸陂陀上树木列植,枝叶茂盛。一艘篷舟缓缓驶来,舟首一位逸士正仰天长啸,身前置放酒皿瓷碗,身后古玩横陈,船尾一童子摇橹。从逸士的形象看,可能是魏晋时"嗜酒能啸"并善鼓琴的"竹林七贤"之一阮籍。

中国古代教育智慧

恶,这就是至善了。"

【原文】

曰:"佛氏亦无善无恶,何以异?"

曰:"佛氏着在无善无恶上,便一切都不管,不可以治天下。圣人无善无恶上,只是'无有作好','无有作恶',不动于气。然'遵王之道',会其有极,便自一遵天理,便有个裁成辅相。"

曰:"草即非恶,即草不宜去矣。"

曰:"如此却是佛、老意见。草若有碍,何妨汝去?"

曰:"如此又是作好作恶。"

曰:"不作好恶,非是全无好恶,却是无知觉人。谓之不作者,只是好恶一遵于理,不去又着一分意思。如此,即是不曾好恶一般。"

【译文】

薛侃问:"佛教也主张无善无恶,其间有何区别?"

先生说:"佛教执着于无善无恶,其余的一概不管,不能够治理天下。圣人的无善无恶,只是不要有意为善,不要有意为恶,不为气所动。如此遵循先生之道,到达极致,便自然能依循天理,便能'裁成天地之道,辅助天地之宜。'"

薛侃说:"草既然不为恶,那么,也就不用拔除了。"

先生说:"如此又成为佛、道的主张。如

佛陀素描像

佛教为世界三大宗教之一,源于印度,东汉时自西向东传入我国。佛教是佛陀的教育之道,而不是拜佛的宗教,实则以般若的智慧自内打破无明烦恼,成就菩提(觉悟)之道,佛教在历史上曾对世界文化传播做出了不可磨灭的贡献。简单地说,诸恶莫作,众善奉行,自净其意,即是佛教。

果草有所妨碍，去掉又何妨？"

薛侃说："这样就又在有意为善、有意为恶了。"

先生说："不着意为善去恶，并非说全无好恶，如果全无好恶，就会成为一个麻木不仁之人。所谓'不着意'，只是说好恶全凭天理，再别无他意。如此，就与不曾好恶是一样的了。"

【原文】

曰："去草如何是一循于理，不着意思？"

曰："草有妨碍，理亦宜去，去之而已。偶未即去，亦不累心。若着了一分意思，即心体便有贻累，便有许多动气处。"

曰："然则善恶全不在物。"

曰："只在汝心，循理便是善，动气便是恶。"

曰："毕竟物无善恶。"

曰："在心如此，在物亦然。世儒惟不如此，舍心逐物，将格物之学错看了，终日驰求于外，只做得个'义袭而取'，终身行不著，习不察。"

【译文】

薛侃问："除草如何全凭天理而别无他意呢？"

先生说："草有所妨碍，应该拔除，就要拔除。有时虽没有拔除干净，也不放在心上。如果在意的话，便会成为心体上的累赘，便会

传习录的教育智慧

洞庭渔隐图

此图为元代画家吴镇所作。纵146.6厘米，横58.6厘米，画上松树坡石，平溪远岫，渔翁垂钓。图中山峦先勾出轮廓，后用干笔皴擦，浓墨点苔。松针用细笔勾画，圆浑不板，树干画得苍劲有力。构图采取一河两岸的形式，疏密、远近相间，静中求动，是吴镇山水画的优秀之作。

中国古代教育智慧

关山行旅图

此图为明代画家戴进所作。戴进善画山水、人物、花卉。传世作品有《春山积翠图》《钟馗夜游图》等。此图中高峰耸立，苍松杂树，山下人家，隐约关口，赶路旅人，行色匆匆。画面既有生活气息，又雄伟中见秀气，是戴进力作。

为气所动。"

薛侃说："如此说来，善恶全然与物无关了。"

先生说："善恶自在你心中，遵循天理即为善，为气所动即为恶。"

薛侃说："物的本身毕竟没有善意。"

先生说："在心如此，在物亦如此。世上儒者只是不懂这一点，舍心逐物，把格物之学认错了。成天向外寻求，只做得一个'义袭而取'，终身仅是行而不明、习而不察。"

【原文】

曰："如好好色，如恶恶臭，则如何？"

曰："此正是一遁于理，是天理合如此，本无私意作好作恶。"

曰："如好好色。如恶恶臭，安得非意？"

曰："却是诚意，不是私意。诚意只是遁天理。虽是遁天理，亦着不得一分意。故有所忿恨好乐，则不得其正。须是廓然大公，方是心之本体。知此，即知未发之中。"

【译文】

薛侃问："像喜欢美色，厌恶恶臭，又该作何理解呢？"

先生说："这正是自始自终遵循天理，天理本当如此，天理本无私意为善为恶。"

薛侃说："喜欢美色，厌恶恶臭又怎么不为意呢？"

先生说:"这是诚意,而非私意。诚意只是遵循天理。虽然遵循天理,也不能再添加一分私意。因此,有一丝忿恨与欢乐,心就不能中正。必须大公无私,方是心之本体。明白这些,就能明白未发时的中正。"

【故事】

明代五朝廉吏王翱

王翱是明朝永乐年间的进士,他历仕成祖、仁宗、宣宗、英宗、宪宗、景帝六帝。在他七十岁时,被任命为吏部尚书,历时十五年,直到去世。他身居官场几十年,尽管位高权重,但他始终保持公正、廉洁的品质。

王翱身居"铨衡重地",却能用贤治国,深知官贤与否关系到国家的治与乱。他深知"一事得人则一事理、一邑得人则一邑安"的道理,所以他对选拔官吏极为慎重。在封建官场上请托之风十分盛行,吏部更是钻营的重点对象。但王翱却"以用贤报国为己任",决不拿手中的权力做交易。对权势者的嘱托,他一向严词拒绝。为了防止别人登门拜谒,他在公务之外的时间常宿于官署,很少回家。所以在他任职期间,少有因个人私事登门造访的事情发生,也没有托人办事的风气。

王翱不但为官清正,而且治家有方。他身居朝堂,手握重权,但对自己要求却很严,经常穿破旧衣服。一次,明英宗召见王翱后,王翱转身走时,英宗看见他的衣服破损,便问他

明成祖朱棣

朱棣(1360年-1424年),明朝第三位皇帝。朱元璋第四子。初封燕王,镇守北京。建文元年(1399年)起兵自称"靖难"。建文四年(1402年),破京师(今南京),夺取帝位,杀方孝孺等人。永乐十九年(1421年),迁都北京。极力肃整内政,巩固边防,政绩颇著。在文化思想上,加强儒家文化思想的统治,大力扩充国家藏书,命人编纂《永乐大典》对保存古代文化典籍有重要贡献。

中国古代教育智慧

明英宗

明英宗朱祁镇(1427年—1464年)，宣宗皇帝的长子，明代第六位、第八位皇帝。1435年即位，年号正统。即位初社会尚算安定。自王振掌权后，政治开始腐败，塞外瓦剌南犯，在王振的怂恿下英宗亲征，用兵不当导致英宗被俘。众臣为稳定人心，立英宗之弟朱祁钰为帝，是为景帝。后英宗被瓦剌释放后，被景帝囚禁在北京八年，后趁景帝病危复辟，并大杀群臣，包括抗瓦剌的名将于谦。

为何不叫家人补一补。王翱说是当天偶尔穿了这件衣服，刚才接到召命没有来得及换衣。对于钱财王翱更是"淡然无欲"，他曾与某监军太监共事，两人关系很好，后来王翱改任两广总督，临行前，太监要赠给他四颗西洋明珠，王翱坚决不收。太监哭着说："这些明珠不是受贿所得，而是先皇将郑和所购得的西洋明珠赐给身边侍臣，我得了八颗，现将其中一半相赠作为纪念。"王翱只好收下，但却把这四颗西洋明珠缝在袄中。后来王翱奉命回到朝廷掌管吏部，此时这个太监已经去世了，王翱就找到这个太监的两个侄子，了解到他们生活困难后，便将从未动过的四个明珠珠转赠给了他们。

王翱对家人要求也很严格。他的一个孙子因恩荫而入太学。一年秋试，这位才华平庸的孙子也想一试科场，企图金榜题名。于是他拿着从有关部门弄到的试卷告诉了王翱，王翱坚决反对，说："如果你确有才华，我当然不阻止你一展身手；如果让你一个平庸之辈中选，势必埋没一个真正有才能的人。可你却强所不能，仅仅为了博取功名。"说完就撕了考卷扔进了火炉。

在原则面前，王翱寸步不让。王翱有一个女儿，嫁给了在京郊做官的贾杰。王翱夫人十分喜爱这个女儿，经常接女儿回家省亲。每当妻子临行前，贾杰就在她面前埋怨，"岳父把我调回京城，易如反掌，哪里还有这么多麻烦。"女儿将此事告诉了母亲,母亲也觉得有几分道理。一次,王翱夫人乘王翱开怀畅饮之际,婉转请求将女婿调入京城。谁知王翱大怒,拿起案上物打伤了夫人脸面。到王翱去世,贾杰也没有被调回京城。

同朝的大学士李贤曾经对人说:"《尚书·皋陶谟》称,为政者有九种品德,王翱就具备了五种:头绪纷繁而能专心致志,遇上扰乱更加坚毅,生活俭朴廉洁奉公,性格刚强充实,好强而合乎道义。"这个评价是恰如其分的。

王翱跑马圈地

王翱文韬武略,为大明江山和黎民百姓立下汗马功劳,皇上不仅封他为"吏部天官",还许他"跑马圈地",让他扬鞭打马,马到之处土地尽归他所有。王翱不忍占有百姓的土地,又不能抗旨不遵。于是,王翱备百丈长绳,让御赐马在盐山大碱洼奔跑。后来,皇上到盐山巡视,见此地是苦海沿边,不生五谷,遂特许免征盐山钱粮。从此,黎民百姓更加钦佩王翱了。

中国古代教育智慧

周敦颐

周敦颐（1017年—1073年），字茂叔，号濂溪，道州营道县（今湖南道县）人。北宋思想家、理学家、哲学家，宋明理学创始人，在中国思想史上影响深远。周敦颐博学力行，遇事刚果。他为政精密严恕，务尽其理。1072年，他在江西庐山莲花洞创办了濂溪书院。著名散文作品《爱莲说》即作于此地。

【原文】

伯生曰："先生云：'草有妨碍，理亦宜去。'缘何又是躯壳起念？"

曰："此汝心自体当。汝要去草，是甚么心？周茂叔窗前草不除，是甚么心？"

【译文】

伯生（人名）说："先生讲'草有所妨碍，理应拔除'，但为什么又说是从形体上着眼呢？"

先生说："这需要你在自己心中加以体会。你若要除草，是用的什么样的心？周茂叔不除窗前之草，他用的又是什么样的心？"

【原文】

先生谓学者曰："为学须得个头脑，工夫方有着落。纵未能无间，如舟之有舵，一提便醒。不然，虽从事于学，只做个'义袭而取'，只是行不著，习不察，非大本达道也。"又曰："见得时，横说竖说皆是。若于此处通，彼处不能，只是未见得。"

【译文】

先生对求学的人说："做学问必须有个主宰，如此功夫才有着落。即使不能无间断，也应该像船的舵，关键时刻一提便明白。否则，虽然是做学问，但也只是'义袭而取'，只能行而不明、习而不察，不是大本达道。"先生接着又说："有了主宰，横说竖讲都正确。如果此处畅通，别处不通，只是因为没有主宰。"

【原文】

或问:"为学以亲故,不免业举之累。"

先生曰:"以亲之故而业举为累于学,则治田以养其亲者,亦有累于学乎?先正云:'惟患夺志',但恐为学之志不真切耳。"

【译文】

有人问:"为了父母而做学问,不免有科举之累。"

先生说:"由于父母的原因参加科举考试而妨碍了学习,那么,为了侍奉父母而种田,也妨碍学习吗?先生纠正说'惟患夺志',只是担心为学的志向不真切。"

【原文】

崇一问:"寻常意思多忙,有事故忙,无事亦忙,何也?"

先生曰:"天地气机,元无一息之停。然有个主宰,故不先不后,不急不缓,虽千变万化,而主宰常定,人得此而生。若主宰定时,与天运一般不息,虽酬酢万变,常是从容自在,所谓'天君泰然,百体从令。'若无主宰,便只是这气奔放,如何不忙?"

【译文】

崇一问:"平时,心意多忙乱,有事时固然忙,无事时也忙,这是怎么回事?"

先生说:"天地间的大气,本来没有一息中断过。但有了一个主宰,就能不先不后,不急不缓,即使千变万化,而主宰却是一成不变的,

八股取士

在八股考试面前,士人自由的精神与独立的思想是难以显现的,除非他不以功名为人生理想。宋代理学家程颐说:"科举之学,不患妨功,惟患夺志耳。"(《程子语录》)科举足以使人"夺志","夺志"的结果是使中国文人产生一种较为普遍的、根深蒂固的、自觉不自觉的奴性,这可以说是八股文最大的害处。

中国古代教育智慧

暮云诗意图

此图为元代画家马琬所作，描写山岭深处日暮雨后之景。层峦逶迤，或隐或现，平岗陂陀上林木深秀，临水有亭，隔溪板桥相接。山嶂烟岚轻动，茅屋村舍掩映。巨岗坡石用凝重柔和的披麻皴层层勾皴，表现出浑厚伟峻的形势。全图在水墨勾皴的基调上，略染淡淡的青绿，山巅阳面晕染薄薄的赭石，树叶点染花青，使物像呈现出暮色苍茫的气氛。

人有了这个主宰才行。如果主宰安定，如同天地运行一样永无停息，即使不断变化，也经常从容自在，也就是所谓的'天君泰然，百体从令'，若无主宰，便只有气在四处奔流，怎会不忙呢？"

【原文】

先生曰："为学大病在好名。"

侃曰："从前岁，自谓此病已轻。此来精察，乃知全未。岂必务外人为？只闻誉而喜，闻毁而闷，即是此病发来。"

曰："最是。名与实对，务实之心重一分，则务名之心轻一分。全是务实之心，即全无务名之心。若务实之心如饥之求食、渴之求饮，安得更有工夫好名？"又曰："'疾没世而名不称'，'称'字去声读，亦'声闻过情，君子耻之'之意。实不称名，生犹可补，没则无及矣。'四十五十而无闻'，是不闻道，非无声闻也。孔子云：'是闻也，非达也。'安肯以此望人？"

【译文】

先生说："为学最大的弊病就是好名。"

薛侃说："自前年起，自感好名的毛病已经减轻许多。最近仔细省察，才发现这个毛病并未彻底除去。好名仅仅是指外争名声吗？只要闻誉而喜、闻毁忧郁，就是好名的毛病在发作。"

先生说："十分正确。名与实相对。务实的心重一分，求名的心就轻一分。若全是务实的心，就没有一丝求名之心。如果务实的心犹如饥而求食、渴而求饮，哪来好名之功夫？"先生又说："'疾没世而名不称'，'称'字读去声，亦即'声闻过情，君子耻之'的意思。实与名不相符，活着尚可弥补，死了就来不及了。孔子认为'四十五十而无闻'，是指没有闻道，并非指声闻。孔子说：'是闻也，非达也。'怎么会用声名来对待别人呢？"

【原文】

侃多悔。

先生曰："悔悟是去病之药，然以改之为贵。若留滞于中，则又因药发病。"

【译文】

薛侃经常悔悟反省。

先生说："悔悟是祛病良药，贵在改正。如果把悔恨留在心里，那又是因药而生病了。"

【原文】

德章曰："闻先生以精金喻圣，以分两喻圣人之分量，以锻炼喻学者之工夫，最为深切。惟谓尧、舜为万镒，孔子为九千镒，疑未安。"

先生曰："此又是躯壳上起念，故替圣人争分两。若不从躯壳上起念，即尧、舜万镒不为多，孔子九千镒不为少。尧、舜万镒，只是孔子的；孔子九千镒，只是尧、舜的，原无彼我。所以谓之圣，只论'精一'，不论多寡。只要此心纯乎天理处同，便同谓之圣。若是力

孔子雕塑

中国古代教育智慧

量气魄,如何尽同得?后儒只在分两上较量,所以流入功利。若除去了比较分两的心,各人尽着自己力量精神,只在此心纯天理上用功,即人人自有,个个圆成,便能大以成大,小以成小,不假外慕,无不具足。此便是实实落落,明善诚身的事。后儒不明圣学,不知就自己心地良知良能上体认扩充,却去求知其所不知,求能其所不能,一味只是希高慕大,不知自己是桀、纣心地,动辄要做尧、舜事业,如何做得?终年碌碌,至于老死,竟不知成就了个甚么,可哀也已!"

【译文】

德章说:"曾听说先生把精金比喻为圣人,用分量的轻重比喻圣人才力的大小,用锻炼比喻学者的功夫,这些喻义很深刻。只是您认为尧、舜是万镒,孔子是九千镒,这种说法似乎不恰当。"

先生说:"这是从外形上着眼的,因上替圣人争轻重。若不是从外形上着眼,那么,尧、舜万镒不为多,孔子的九千镒不为少。尧、舜的万镒也就是孔子的,孔子的九千镒也就是尧、舜的,彼此之间本来就没有区别。之所以称为圣人,只看精一与否,不在数量多少。只要心同样纯为天理,便同样可称之为圣。至于力量气魄,又怎么会完全相同呢?后世儒者只在分量上比较,所以陷入功利的泥潭之中。如果别除比较分量的心,各人尽己之力与精神,只在此心纯为天理上下功夫,就能人人知足、

尧帝

尧,传说中的上古帝王,又称唐尧。尧帝的品质和才智非凡绝伦,德高望重,光照四方,使邦族之间团结如一家。他在位时期,天下安宁,政治清明,世风祥和。在位七十年,传位于舜。

人人功成，如此就能大的成就大的，小的成就小的，不必外求，无不足具。这就是实实在在的明善诚身的事。后儒不理解圣学院，不懂得从自身的良知良能上体认扩充，却还要去了解自己不知道的，掌握自己不会做的，一味好高骛远。不知自己的心地宛如桀、纣，动不动就要做尧、舜的功业，这怎么行得通？终年劳碌奔波，直至老死，也不知到底成就了什么，真可悲啊！"

【故事】

安贫乐道的陶渊明

每个人都有自己的优势和价值，人尽着自己的力量精神，便能大以成大，小以成小，这便是明善诚身的事。很多人却不了解自己，去求其所不能，一味希高慕大，一生不得其所。东晋陶渊明就是位知道自己的追求和价值的人，他绝不为高官厚禄而折腰，最后回归田园。他安贫乐道的君子形象影响了无数后人。

陶渊明又名陶潜，东晋人。陶渊明的曾祖父是东晋名将陶侃，虽然做过大官，但不是士族大地主，到陶渊明出生的时候，家道早已衰落。陶渊明的父亲在他八岁时就去世了，剩下孤儿寡母，生活颇为艰难。陶渊明受其做学官的外祖父孟嘉的影响，从小就打下了扎实的儒家经学功底。他对生活充满幻想，希望通过仕途实现自己"大济苍生"的宏愿。

陶渊明像（王仲玉·明）

陶渊明（约365年—427年），字元亮，世称靖节先生，号五柳先生，浔阳（今江西省九江市星子县）人。东晋著名田园诗人、辞赋家、散文家，被称为"古今隐逸诗人之宗"，并开创了田园文学流派。他的诗文充满了田园气息，他的名士风范和对简朴生活的热爱，影响了一代又一代的中国文人。

中国古代教育智慧

渊明酒醉图

此图为明代著名画家陈洪绶所作。陈洪绶（1598年—1652年），字章侯，幼名莲子，号老莲、云门僧，浙江人。陈洪绶一生秉性孤傲倔强，吞恨而终。他是一位擅长人物、精工花鸟、兼能山水的绘画大师，与北方崔子忠齐名，号称"南陈北崔"。

陶渊明开始以教书为生，他喜欢闲时吟诗作赋，这时他的文才也渐渐地显露出来。一篇《闲情赋》被友人抄去流传开来，传到了当时的汀州刺史王凝之手里。王凝之看了以后，很欣赏他的文笔，就让他到汀州来做别驾祭酒。别驾祭酒管的事情多而繁杂，又有人不断向他讨好送礼。陶渊明是个洁身自好、不慕虚荣的人，从不收人家的贿赂；但整个衙门上上下下一直都收受贿赂，只有陶渊明一个人清正廉洁，大家就都看他不顺眼。因不愿与府衙的贪官同流合污，觉得自己又不能为百姓造福，于是辞官回了老家。

当地官府听说陶渊明是名将之后，又有文采，就推荐他在刘裕手下做了个参军。但没过多长时间，他就看出官员之间互相倾轧，心里很厌烦，又要求出去做个地方官。上司就把他派到彭泽去当县令。

彭泽原本是个小县，久经战乱后人口更稀少，吏治近乎废弛。陶渊明一上任，二十多天的工夫，就把县衙各方面的事情处理得都有些起色了。当时做个县令，官俸是不高的。陶渊明一不会搜刮，二不懂贪污，生活过得并不富裕。可是他，安贫乐道，忙完公务，写写诗，与家人共享欢乐，日子过得倒也惬意。

在任彭泽县令不到三个月的一天早上，手下禀报说三日后郡里要派督邮下来巡视县务，并暗示陶渊明以往县令都是亲自到驿站迎接督邮，还奉送上一份大礼以示孝敬。陶渊明这时才明白这些脑满肠肥、媚上欺下的官吏都是一样的。陶渊明想：要我对搜刮民脂民膏的贪官卑躬屈膝，巧颜令色，我怎么能违背自己的良心去做这种事，毁了自己一生的名节？"陶渊明主意已定，当即将官服、印绶都挂到屋中大梁上，连同妻儿星夜兼程赶回柴桑老家去了。经过这段官场波折，陶渊明终于彻悟：生他养他的故乡田园，才是他生命的最终归宿。一旦明白了今是昨非，他就毅然决然地远离官场，进而义无反顾地回归田园。

陶渊明归隐以后的日子虽然非常困苦，有时甚至遭受"旧谷既没，新谷未登"的饥馑之患，但他矢志不渝，再也不想理会官场上的事，怡然自得地过他的隐士生活。

陶渊明不因困厄而弃追求，不因喧嚣而慕富贵，不因穷达而失气节，其身心恬然自得。从此，中国吏治史上少了一个小吏，文学史上却多了一位大家，成就了陶渊明"古今隐逸诗人之宗"的美名。

东篱采菊图（俞达礼·清）

中国古代教育智慧

子夏

子夏（前507年—？）姓卜，名商，字子夏，春秋末年晋国温人（今河南温县人），孔子的著名弟子之一，"孔门十哲"之一。他是孔子后期学生中的佼佼者，才思敏捷，以文学著称，被孔子许为其"文学"科的高材生。

【原文】

侃问："先儒以心之静为体，心之动为用，如何？"

先生曰："心不可以动静为体用。动静，时也。即体而言，用在体，即用而言，体在用。是谓'体用一源'。若说静可以见其体，动可以见其用，却不妨。"

【译文】

薛侃问："先儒说心的静是体，心的动是用，这样讲是否正确？"

先生说："心不可以动静来区分体用。动静是暂时的。就本体而言，用在体；就作用而言，体在用。这称作'体有一源'。倘若说静时可见心的本体，动时可见心的作用，倒也无事。"

【原文】

问："上智下愚，如何不可移？"

先生曰："不是不可移，只是不肯移。"

问"子夏门人问交"章。

先生曰："子夏是言小子之交，子张是言成人之交。若善用之变，亦俱是。"

【译文】

问："上智下愚，为什么不可改变？"

先生说："不是不可改变，只是不肯改变。"

有人问子夏的学生请教交友的事。

先生说："子夏说的是小孩的交友，子张说的是成人的交友，如果善于运用，也都对。"

传习录的教育智慧

【原文】

子仁问:"'学而时习之,不亦说乎'?先儒以为效先觉之所为,如何?"

先生曰:"学是学去人欲、存天理。从事于去人欲、存天理,则自正。诸先觉考诸古训,自下许多问辨思索存省克治工夫。然不过欲去此心之人欲、存吾心之天理耳。若曰'效先觉之所为',则只说得学中一件事,亦似专求诸外了。'时习'者,'坐如尸',非专习坐也。坐时习此心也。'立如斋',非专习立也,立时习此心也。'说'是'理义之说,我心'之'说'。人心本自说理义,如目本说色,耳本说声。惟为人欲所蔽所累,始有不说。今人欲日去,则理义日洽浃,安得不说?"

【译文】

子仁问:"'学而时习之,不亦悦乎?'先儒说,学是效法先觉者的行为,这样说正确吗?"

先生说:"学,是学去人欲、存天理。如果去人欲、存天理,就自然会求正于先觉,考求于古训,就自然会下很多问辨、思索、存养、省察、克治的功夫。这些也不过是要除去己心的私欲,存养己心的天理罢了。至于说'效先觉之所为',那只是说了学中的一件事,也似乎专门向外求取了。'时习'犹如'坐如尸',不是专门练习端坐,是在端坐时锻炼这颗心。'立如斋',不是专门练习站

阔渚晴峰图

此图为明代画家李在所作。李在,生卒年不详,字以政,莆田(今属福建)人。迁云南,后召入京。宣宗宣德时与戴进、谢环等人同值仁智殿。工画山水,兼工人物。传世作品有《琴高乘鲁图》《阔渚晴峰图》《归去来兮图》等。此图描写北方山川雄伟高大的景象。线条粗重,水墨浑厚,体现了北方山水画派的特色。

中国古代教育智慧

曾子杀猪

曾子的夫人到集市上去,他的儿子哭闹着要跟去。孩子的母亲说:"你先回家待着,待会儿我回来杀猪给你吃。"她刚从集市上回来,曾子就要捉猪去杀。她就劝止说:"只不过是跟孩子开玩笑罢了。"曾子说:"小孩子没有思考和判断能力,你这可是教孩子骗人啊!这不是实现教育的方法。"于是曾子把猪杀了让孩子吃猪肉。

立,是在站立时锻炼这颗心。'悦'是'理义之说我心'的'说'。人心原本就欢喜义理,好比眼睛本来喜欢美色,耳朵欢喜音乐一样。只因为私欲的蒙蔽和拖累,人心才有不悦。如果私欲一天天减少,那么,理义就能一天天滋润身心,人心又怎能不悦呢?"

【原文】

国英说:"曾子三省虽切,恐是未闻一贯时工夫?"

先生曰:"一贯是夫子见曾子未得用功之要,故告之。学者果能忠恕上用功,岂不是一贯?'一'如树根本,'贯'如树之枝叶。未种根,何枝叶之可得?体用一源,体未立,用安从生?谓'曾子于其用处,盖已随事精察而力行之,但未知其体之一'。此恐未尽。"

【译文】

国英问:"曾参的'吾日三省吾身'的功夫虽然真切,但恐怕是还不理解'一以贯之'的功夫。"

先生说:"一以贯之是孔子看到曾子没有掌握功夫要领才告诉他的。学者若真能在忠恕上下功夫,难道不是一贯吗?'一'如同树的根,'贯'如同树的枝叶。没有种根,哪有枝叶?体用一源,体未立存,用从哪来?朱熹先生说:'曾子于其用处,盖已随事精察而力行之,但未知其体之一,'这句话大概还没有说完全。"

【故事】

忠恕之道

有一次,孔子给学生上课,他跟他的学生曾子说:"我的道一以贯之,你知道是什么吗?"孔子是在问他做人做事永远不变的原则。曾子就心领神会:"我明白。"等老师走出去后,曾子的同门师兄弟就问他,说老师说一以贯之的到底是什么呀?曾子解释说:"夫子之道,忠恕而已。"曾子的意思是说孔子这一生始终坚持的、做人做事最根本的出发点就是忠恕两个字。

曾子不愧是孔子的高足,他非常了解老师的心意。孔子的思想的核心是"仁",而"仁"的真谛在于"忠恕"。

忠是从积极的方面说,也就是孔子在《论语·雍也》篇里所说的:"己欲立而立人,己欲达而达人。"自己想有所作为,也尽心尽力地让别人有所作为,自己想飞黄腾达,也尽心尽力地让别人飞黄腾达。这其实也就是人们通

孔子塑像

山东曲阜孔庙大成殿内头戴十二旒之冕、身穿十二章之服、手执镇圭(古时朝聘用信物)的孔子塑像。

中国古代教育智慧

曾子

曾子（约前505年—前435年），姓曾，名参，字子舆，春秋末年鲁国人。曾子性情沉静，举止稳重，为人谨慎，待人谦恭，以孝著称。他十六岁拜孔子为师，造诣很深，是孔子的得意门生。著有《大学》《孝经》两书。

常所理解的待人忠心的意思。曾子曰："吾日三省吾身，为人谋而不忠乎？与朋友交而不信乎？传不习乎？"此句中的"为人谋而不忠乎"中的"忠"，即是反省自己为别人办事是否做到了全心全力、推己及人。

恕是从消极的方面说，也就是孔子在《论语·卫灵公》篇里回答子贡时"有一言而可以终身行之者乎"的问题时所说的："其恕乎！己所不欲，勿施于人。"自己不愿意的事，不要强加给别人。

曾子每日反省自己："为人谋而不忠乎？"孔门所谓"忠"也包含"恕"的意思，因为在儒家的"推其所欲以及于人"的思想中内在地包含着"推其所不欲而勿施于人"的思想。《论语·子路》篇中记载孔子的弟子樊迟向孔子问怎么才能做到仁。孔子说："居处恭，执事敬，与人忠。虽之夷狄，不可弃也。"夫子是说平日的言行举止端正庄严，从事工作严肃认真，忠实诚恳，即使去到文化落后的地方，这些原则都不可离弃的。此处的"与人忠"就可以理解为"与人忠恕"。也就是说，真正的"忠"是包含着"恕"为基础的。

总的来说，忠恕之道就是人们常说的将心比心，推己及人。所谓人心都是相同的，自己想做的事情，想要追求、得到的东西，要想到别人也是这么想的；自己不想做、不愿意做的事情，也要考虑到别人也是这样想的。忠恕

孔林

就是以待自己的态度对待别人。今天在中小学生中开展"心中有他人的活动",从某种意义上说,正是推行的忠恕之道。推而广之,所谓"让世界充满爱",也是忠恕之道的体现。

忠恕之道是孔子思想一以贯之的原则,其意义深广久远,具有现代意义。它是一种人与人、人与环境相处的平等精神,对于促进当今世界的和平,乃至保护人类的生态环境都具有重要的意义。

孔府、孔庙、孔林,统称"三孔",位于山东省曲阜市。孔林为孔子及其后裔的墓地,立有历代颂扬孔子的碑刻。在孔林中,有的墓前还存有石雕的华表、石人、石兽。这些都是依照墓中人当时被封爵位的品级设置的,整个孔林延用两千五百年,内有坟冢十余万座。孔林是延续年代最久、保存最完整的家族墓地。

中国古代教育智慧

子贡

子贡，姓端木，名赐，春秋时期卫国人。小孔子三十一岁，是孔门七十二贤之一。子贡敏于事理，善于言辞，且有干济才，办事通达，曾任鲁、卫两国之相。他还善于经商之道，曾经经商于曹、鲁两国之间，富致千金。为孔子弟子中首富。

【原文】

黄诚甫问"汝与回也，孰愈"章。

先生曰："子贡多学而识，在闻见上功夫，颜子在心地上用功，故圣人问以启之。而子贡所对又只在知见上，故圣人叹惜之，非许之也。"

"颜子不迁怒，不贰过，亦是有未发之中始能。"

【译文】

黄诚甫就《论语》中"汝与回也孰愈"一章请教于先生。

先生说："子贡认为多学而识，要在见闻上下功夫，颜回是在心地上下功夫，所以孔子用这个问题来启发子贡。但是子贡的回答只停留在知识见闻上，因此孔子可惜他，并非赞扬他。"

"颜回不迁怒于人，不犯同样的错误，能够如此，也只有未发之中的人才可做到。"

【原文】

"种树者必培其根，种德者必养其心。欲树之长，必于始生时删其繁枝。欲德之盛，必于始学时去夫外好。如外好诗文，则精神日渐漏泄在诗文上去。凡百外好皆然。"又曰："我此论学是无中生有的工夫。诸公须要信得及，只是立志。学者一念为善之志。如树之种，但勿助勿忘，只管培植将去，自然日夜滋长，生气日完，枝叶日茂。树初生时，便抽繁枝，亦须刊落，然后根干能大。初学时亦然。故立志贵专一。"

【译文】

"栽树的人必须培养树根，修德的人必须修养心性。要使树木长高，必须开始时就裁去多余的枝。要使德行盛隆，必须在开始学习时就除去对外物的喜好。如喜爱诗文，精神就会逐渐倾注在诗文上。其他诸多爱好都是如此。"接着又说："我在此处讲学，讲的是无中生有的功夫。各位所能相信的，只有立志。学者一心为善的志向，犹如树的种子，只要不忘记、不助长，一直栽培下去，自然会日夜生长，生机日益完备，枝叶日益茂盛。树刚长出来时，有了分枝，应该砍削去除，然后树干才能长大。初学时也是如此。所以，立志最可贵的是专一。"

【原文】

因论先生之门，某人在涵养上用功，某人在识见上用功。先生曰："专涵养者，日见其不足；专识见者，日见其有余。日不足者，日有余矣。日有余者，日不足矣。"

【译文】

谈话时论及先生的弟子，讲某人是在涵养上用功，讲某人在知识见闻上用功。先生说："只在涵养上用功，每天能发现自己的不足；只在知识见闻上用功，每天都觉得自己有余。每天感不足之人，德行将会逐渐有余。每天感有余之人，德行将会逐渐衰微。"

传习录的教育智慧

松亭图

此画出自元代画家曹知白之手。盈幅写长松数株，高大伟岸，虬曲多姿，用笔沉着老练，极具笔力，尤其是松针用线刚劲有力。在一片空旷的平地上，远处有低矮草亭，空无一人，萧疏而外兼有简远之趣。本图布局以奇制胜，平远幽深，应为其晚年作品。时人评知白"风流文彩，不减古人。"可见他是个生活闲适、才情横溢的文人士大夫。

梁日孚

梁日孚考上进士后，就携家带眷去京师等候分配做官。船经过江西，知道王阳明在这里，梁日孚景仰盛名已久，就特地拜见阳明先生。首次谈话，讲一会儿就告辞了；第二天再来，交谈过了中午才告辞；第三天再来，竟然谈论到太阳下山后还不忍离去。第四天，梁日孚干脆直接就在那里租屋，请求跟阳明先生拜师了。后来，为了实现家族的愿望梁日孚才上京为官，但一生向心学。

【原文】

梁日孚问："居敬、穷理是两事，先生以为一事，何如？"

先生曰："天地间只此一事，安有两事？若论万殊，礼仪三百，威仪三千，又何止两？公且道居敬是如何？穷理是如何？"

曰："居是存养工夫，穷理是穷事物之理。"

曰："存养个甚？"

曰："是存养此心之天理。"

曰："如此，亦只是穷理矣。"

曰："且道如何穷事物之理？"

曰："如事亲便要穷孝之理，事君便要穷忠之理。"

曰："忠与孝之理在君、亲身上，在自己心上？若在自己心上，亦只是穷此心之理矣。且道如何是敬？"

曰："只是主一。"

曰："如何是主一？"

曰："如读书便一心在读书上，接事便一心在事上。"

曰："如此，则饮酒便一心在饮酒上，好色便一心在好色上，却是逐物，成甚居敬功夫？"

【译文】

梁日孚问："居敬与穷理是两码事，而先生为什么认为是一码事呢？"

先生说："天地间唯有一件事，怎么会

有两件事？至于说到事物的千差区别，礼仪三百、威仪三千，又何止两件？您不妨先说一下何谓居敬？何谓穷理？"

梁日孚说："居敬是存养功夫，穷理是穷尽事物之理。"

先生问："存养什么？"

梁日孚说："存养己心中的天理。"

先生说："这样也就是穷尽事物之理了。"

先生又说："暂且谈一下怎样穷尽事物之理。"

梁日孚说："例如，侍奉父母就要穷尽孝的理，事君就要穷尽忠的理。"

先生说："忠和孝的理，是在国君、父母身上，还是在自己心上？如果在自己心上，也就是要穷尽此心的理了。先谈下什么是敬？"

梁日孚说："敬，就是主一。"

先生问："怎样才算是主一？"

梁日孚说："例如，读书就一心在读书上，做事就一心在做事上。"

先生说："这样一来，饮酒就一心在饮酒上，好色就一心在好色上。这是追逐外物，怎么能称为居敬功夫呢？"

【原文】

日孚请问。

曰："一者，天理。主一是一心在天理上。若只知主一，不知一即是理，有事时便是逐物，无事时便是着空。惟其有事无事，一心

传习录的教育智慧

江乡清晓图

此画为清代画家禹之鼎所作。两棵老柳垂条，掩映溪桥田野，远处山麓桃花盛开、一派江南水乡春色。柳畔屋前，妇携幼童，老翁坐在矶石上垂钓。笔墨工秀，设色浓丽，纺车、老翁戴的无顶草笠、带有线轮的钓竿，均一丝不苟。自题"戊子首春仿赵大年江乡清晓图"。戊子为康熙四十七年（1708年），乃禹之鼎晚年手笔。

中国古代教育智慧

伏羲

伏羲是中华民族人文始祖。所处时代约为新石器时代早期。伏羲根据天地间阴阳变化之理,创制八卦,即以八种简单却寓义深刻的符号来概括天地之间的万事万物。八卦可以推演出许多事物的变化,预卜事物的发展,为人类文明做出了极大的贡献。

皆在天理上用功,所以居敬亦即是穷理。就穷理专一处说,便谓之居敬,就居敬精密处说,便谓之穷理。却不是居敬了,别有个心穷理,穷理时别有个心居敬。名虽不同,功夫只是一事。就如《易》言'敬以直内,义以方外。'敬即是无事时义,义即是有事时敬,两句合说一件。如孔子言'修己以敬',即不须言义。孟子言'集义',即不须言敬。会得时,横说竖说,工夫总是一般。若泥文逐句,不识本领,即支离决裂,工夫都无下落。"

【译文】

梁日孚向先生请教有关问题。

先生说:"一就是天理,主一就是一心在天理上。如果只懂得主一,不明白它就是理,那么,有事时就会追逐外物,无事时就是凭空臆想。只有不管有事无事都一心在天理上下功夫,此居敬也就是穷理。就穷理的专一而言,即为居敬;就居敬的精密而言,即为穷理。并非居敬后,又有一个心去穷理,穷理时,又有一个心去居敬。名称虽然不同,功夫只有一个。正如《易经》中讲'敬以直内,义以方外',敬即无事时的义,义即有事时的敬。敬义结合仍是一回事。孔子说'修己以敬',义就不用说了。孟子说'集义',敬也不必说了。体会了这些后横说直说,功夫总是一样。如果局限于文句,不了解根本,只会支离割裂,功夫就没有着落处。"

【原文】

问:"穷理何以即是尽性?"

曰:"心之体,性也,性即理也。穷仁之理,真要仁极仁;穷义之理,真要义极义。仁、义只是吾性,故穷理即是尽性。如孟子说'充其恻隐之心,至仁不可胜用',这便是穷理工夫。"

【译文】

梁日孚问:"为什么说穷理就是心性呢?"

先生说:"心的体是性,性即是理。穷尽仁的理,是使仁成为至仁;穷尽义的理,是使义成为至义,仁与义只是我的性,因此,穷理就是尽性。孟子所说的'充其恻隐之心。至仁不可胜用',就是穷理的功夫。"

【故事】

仁义之至的刘备

刘备(161年—23年),宁玄德,涿郡(今河北省涿县)人,为三国蜀汉开国皇帝。汉末,刘备在当平原县令时,有一人与他有恩怨,派刺客刺杀他。刘备不知内情,仍善待刺客,刺客被他的仁厚所感化,不忍杀害他,还将实情告诉了他。对于此事,《三国志》的作者陈寿感慨地说:"其得人心如此。"可见刘备的仁德,确实是一般人所不能及的。

刘备不仅仁德宽厚,还非常重义气。他在镇压黄巾起义时结识关羽、张飞二人,三人

刘备

刘备,汉景帝之子中山靖王刘胜的后代,素有大志,为人仁义。东汉灵帝末年,刘备与关羽、张飞一道讨黄巾有功,遂为安喜寨县尉。密诛曹操不成,潜逃。三顾茅庐始得诸葛亮辅佐。后与孙权联合大败曹操于赤壁,取得益州与汉中,自立为汉中王。公元221年,于成都即位称帝,国号汉。公元222年因关羽之死伐吴兵败,损失惨重,退回白帝城,因病崩逝,享年六十三岁,谥号昭烈帝。

中国古代教育智慧

桃园三结义

东汉末年，朝廷腐败，群雄逐鹿，民不聊生。刘备有意拯救百姓，张飞、关羽又愿与刘备同创大业。三人志同道合，在张飞庄后的桃园里结拜为异姓兄弟。刘备年长做了大哥，关羽第二，张飞做了三弟。从此，三人肝胆相照，生死相依，共同报国安邦。

亲如兄弟。后来，三弟张飞因喝酒误事，丢掉了徐州，让刘备的妻小也身陷城内。张飞要拔剑自刎，以死谢罪。刘备夺下剑扔到地上，安慰张飞："我们三个桃园结义，不求同生，但求同死。现在虽然丢了城池和家人，城池本来就不是我的，家眷以后也可以设法挽救，兄弟怎么能因一时之误就轻生呢？"刘备长期流离失所，好不容易有一个根据地，又被张飞大意丢失了，但刘备自始至终都没有说过一句指责的话。可见刘备真是宽厚仁义，视兄弟情比海深哪！

关于刘备和徐庶之间的仁义事迹，也是千古流传的佳话。徐庶对马颇有研究，曾告诉刘备说："你的马会妨害主人，赶紧将它送给仇人。"刘备闻言生气地说："你不教我正道也就罢了！怎么反倒教我利己害人呢？"其实徐庶是想试探刘备的为人，刘备的宅心仁厚令他十分感动，从而决定全力辅佐刘备成就大业。

后来徐庶的老母亲被曹操骗去许都，曹操以此要挟徐庶去辅佐他。徐庶对刘备军队的虚实一清二楚，有人建议不要放徐庶去许都。如果徐庶不去许都，曹操生气就会杀掉徐母，如此一来徐庶就会死心塌地跟随他了。刘备说："不可。使人杀其母，而吾用其子，不仁也；留之不使去，以绝其子母之道，不义也。吾宁死，不为不仁不义之事。"

在徐庶得知大量军事机密的情况下，刘备仍毫不犹豫地放他前往曹营探母，此等胸襟，只有仁义之至的人才能做到。因此才有"徐庶进曹营一言不发"及"回马荐诸葛"的故事传颂。刘备舍了徐庶，得了诸葛亮，其仁德至深，确能感动天地。

在刘备处于危难之时，诸葛亮出山辅佐刘备，为了应付强大的曹操，到江东说服孙权，联合抗曹。又辅佐刘备占领西川，成就蜀汉霸业。在刘备死后，定南蛮，使孟获臣服蜀汉，永不造反。六出祁山，北伐曹魏，希望终有一日兴复汉室。在刘备逝世后，有人劝诸葛亮进爵称王，但他不为此动心，仍殚精竭虑、一心辅佐幼主，直至捐躯在五丈原。真是如他自己所言"鞠躬尽瘁，死而后已"，以他自己的行动，回报了刘备的知遇之恩。

综观刘备一生的霸业，可以说是以"仁义"二字建立起来的。对待陌生人，刘备也相当宽厚，终能感化刺客；徐庶试探他要把妨碍主人的马送给仇人，以便将仇人害死，他都不做；对于老百姓，他也能做到爱民如子，不避危险携民渡江。刘备仁至义尽，以至许多人受其感化，留下很多忠肝义胆的事迹，从而使三国时代有许多义薄云天的故事传颂千古。

徐庶

徐庶，字元直，颍川（今河南许昌）人，东汉末年名士。徐庶年少时爱好任侠击剑，后折节向学，与诸葛亮、司马徽、庞统等人相友善。徐庶曾效力于刘备，还推荐了诸葛亮。长坂之战时，徐庶的母亲被曹军抓获，无奈徐庶北投曹操，但立誓在曹营"终身不设一谋"。

中国古代教育智慧

二程之墓

程颢、程颐墓位于河南洛阳伊川县城西。程颢、程颐兄弟二人同为北宋哲学家、教育家,分别称明道先生、伊川先生,是北宋理学的两位奠基者,世称二程。其学说后为朱熹继承发展,世称程朱学派。二程墓为程颢、程颐及其父的墓地。包括程墓、程祠二部分,前为祠庙,后为墓冢。墓、祠一带古树参天,十分肃穆幽静。

【原文】

日孚曰:"先儒谓'一草一木亦皆有理,不可不察',何如?"

先生曰:"夫我则不暇。公且先去理会自己性情,须能尽人之性,然后能尽物之性。"

日孚怵然有悟。

【译文】

梁日孚说:"程颐先生说的'一草一木亦皆有理,不可不察',这句话是否正确?"

先生说:"对于我来说,是没有那份闲工夫。您且先去涵养自己的性情,只有穷尽了人之本性,然后才能穷尽物之本性。"

梁日孚因此警醒而有所体悟。

【原文】

守衡问:"《大学》工夫只是诚意,诚意工夫只是格物、修、齐、治、平,只诚意尽矣。又有正心之功,有所忿愤好乐则不得其正,何也?"

先生曰:"此要自思得之,知此则知未发之中矣。"

【译文】

守衡问:"《大学》中的功夫唯有诚意,诚意的功夫唯格物、修身、齐家、治国、平天下。如此只要有一个诚意的功夫就足够了。然而,又有正心功夫,有所忿愤好乐,心就不能中正,这又是怎么一回事呢?"

先生说:"这一点需要自己思考、体会,明白之后,能就理解未发之中了。"

【原文】

惟乾问:"知如何是心之本体?"

先生曰:"知是理之灵处。就其主宰处说便谓之心,就其禀赋处说便谓之性。孩提之童,无不知爱其亲,无不知敬其兄。只是这个灵能不能私欲遮隔,充拓得尽,便完全是他本体,便与天地合德。自圣人以下,不能无蔽,故须格物以致其知。"

【译文】

惟乾问:"为什么知是心的本体?"

先生说:"知是理的灵敏处,就其主宰处而言为心,就其禀赋处而言为性。幼龄儿童,没有不知道爱其父母,没有不知道敬其兄长。这正是因为,这个灵敏的知未被私欲蒙蔽迷惑,可以彻底扩充拓展,知便完全地成为心的本体,便与天地之德合而为一。自圣人以下的,人们没有不被蒙蔽的,所以,需要通过格物来获得良知。"

【原文】

守衡再三请。

曰:"为学工夫有浅深,初时若不着实用意去好善恶恶,如何能为善去恶?这着实用意便是诚意。然不知心之本体原无一物,一向着意去好善恶恶,便又多了这份意思,便不是廓然大公。《书》所谓'无有作好作恶',方是本体。所以有所忿嚏好乐,则不得其正。正心只是诚意工夫。里面体当自家心体,常用鉴空衡平,这便是未发之中。"

溪堂诗思图

此画出自明代著名画家戴进之手。图绘层峰叠翠,山泉蜿蜒而下汇入溪流,溪畔杂树成林,烟气迷朦,山麓林下,茅堂临溪,一老者坐于堂前正凝思冥想,小桥上,有侍童抱琴而来。此图笔墨苍劲,布置精密,峰峦重叠,颇见生机,为其晚年的杰作。

《尚书》

《尚书》相传由孔子编撰而成，但有些篇目是后世儒家补充进去的。《尚书》是儒家经典之一，原称《书》，到汉代改称《尚书》，意为上代之书。这是我国第一部上古历史文件和部分追述古代事迹著作的汇编，它保存了商周特别是西周初期的一些重要史料。

【译文】

守衡再而三地请教于先生。

先生说："为学的功夫有深有浅，刚开始若不肯专心致志去好善憎恶，又怎么可以为善除恶呢？此专心致志是诚意。然而，如果不懂得心的本体原无一物，始终执着地去好善憎恶，就又多了这份执着的意思，便不是豁然大公了。《尚书》中所谓的'无有作好作恶'，方为心之本体。因此说，有所忿恨好乐，心就不能中正。正心就是从诚意功夫中体会自己的心体，经常使它如镜子一样空明、如秤一样平衡，这就是未发之中。"

【原文】

正之问曰："戒惧是己所不知时工夫，慎独是己所独知时工夫，此说如何？"

先生曰："只是一个工夫，无事时固是独知，有事时亦是独知。人若不知于此独知之地用力，只在人所共知处用功，便是作伪，便是'见君子而后厌然'。此独知处便是诚的萌芽。此处论善念恶念，更无虚假，一是百是，一错百错。正是王霸、义利、诚伪、善恶界头。于此一立立定，便是端本澄源，便是立诚。古人许多诚身的工夫，精神命脉，全体只在此处，真是莫见莫显，无时无处，无终无始，只是此个工夫，今若又分戒惧为己所不知，即工夫便支离，有间断。即戒惧，即是知，已若不知，是谁戒惧？如此见解，便要流入断灭禅定。"

【译文】

正之问:"《中庸》中说,戒惧是自己不知时的功夫,慎独是自己独知时的功夫,这种看法正确吗?"

先生说:"二者只是一个功夫。无事时固为独知,有事时也是独知。人如果不懂得在此独知处用功夫,仅在人所共知处用功夫,就是虚伪,就是'见君子而后厌然'。这个独知处正是诚实的萌芽。此处不管善念恶念,毫无虚假,一对百对,一错再错。这里正是王与霸、义与利、诚与伪、善与恶的分界点。能够在这里立稳脚跟,就是正本清源,就是立诚。古人许多诚身的功夫,其精神命脉全汇聚在这里。不隐不现,无时无处,无始无终,仅为这个功夫。今倘若又把戒惧当成自己不知时的功夫,夫就会支离,功夫就有间断。既然戒惧为知,如果自己不知,又有谁去戒惧呢?持此见解,就会流于佛教的断灭禅定。"

【原文】

曰:"不论善念恶念,更无虚假,则独知之地,更无无念时邪?"

曰:"戒惧亦是念。戒惧之念,无时可息。若戒惧之心稍有不存,不是昏聩,便已流入恶念。自朝至暮,自少至老,若要无念,即是己不知,此除是昏睡,除是槁木死灰。"

【译文】

正之说:"无论善念恶念,毫无虚假,那么,自己独处时就没有无念的时候了吗?"

慎独

"慎独"是我国古代儒家创造出来的具有我国民族特色的自我修身方法。最先见于《礼记·中庸》:"道也者不可须臾离也,可离非道也。是故君子戒慎乎其所不睹,恐惧乎其所不闻。莫见乎隐,莫显乎微,故君子慎其独也。"这里强调的"道""不可须臾离"之意,是"慎独"得以成立的理论根据。"慎独"指的是人们在个人独处的时候,也能自觉地严于律己,谨慎地对待自己的所思所行,防止有违道德的欲念和行为发生,从而使道义时时刻刻伴随主体之身。

中国古代教育智慧

杨震

杨震（59年—124年），字伯起，东汉弘农华阴（今陕西潼关县）人。少好学，博览群经。历任荆州刺史、涿郡太守、司徒、太尉等职。安帝乳母王圣及中常侍樊丰贪侈骄横，他多次上书劝谏，被樊丰所诬罢官，愤而自杀。

先生说："戒惧也是念。戒惧之念固然不可间断，然而，如果戒惧之心有的放矢，人不是昏聩糊涂，就是流于恶念。从早到晚，从小到老，如果无念，那就是自己没有知觉，这种情形，若不是昏睡，便是形如槁木、心如死灰了。"

【故事】

守正不苟当慎独

杨震是东汉时期的名儒，他勤奋好学，通晓诸经。他教书办学三十余年，可以说桃李满天下，被誉为"关西孔子"。杨震也做过东汉的官，他为官唯才是举，清廉公正。他以身作则，教育了弟子，影响了世人。

杨震生性质朴，脾气倔强，教课之余，自己动手种地种菜维持生活。弟子们怕老师劳累过度，就偷偷地帮他种，他知道了反而发脾气，拔掉再自己种。弟子们只好由着他。他做了多年太守，到头仍是两袖清风，贫困如洗。他的子孙也都像他那样，吃的是粗茶淡饭，穿的是粗布衣。许多老朋友劝他：为了子孙后代，也该多少置点产业。他总是笑着说："让我的后世被人称为清官的后代，这份遗产还不够吗？"

杨震五十岁时做了荆州刺史。不久，调任东莱太守。他奉调到东莱上任，一日路过昌邑，见昌邑这地方物阜民丰，很是繁华，便在一所客店里住下。又听说昌邑的县令姓王名密，正是自己的学生，于是决定小住几日，一来休息身体，游览金山，二来了解一下王密的才干、为人和政绩。

再说昌邑县县令王密，是杨震的得意门生，此人品学兼优，爽官清正。他早就知道老师在荆州出仕，但因公务缠身，路途遥远，一直未能前去

杨震墓址

拜望，只能以书信往来，以叙思念之情。如今听说老师从遥远的荆州来到这里，喜出望外。于是步行到客店，把老师接到县衙，一日三餐，好酒好菜，盛情款待。杨震赴任日期将至，决意次日登程。为了报答老师的教诲之恩，这天夜里，王密手捧黄金十斤来到杨震的住处。说："年年桃李，岁岁芬芳，老师教导，永世难忘。这是学生的一点心意，请老师收下吧！"杨震听了拂袖而起，很不高兴地说："我知道你的为人，你怎么不了解我呢？"王密说："老师，这金子乃学生的俸禄，非贪污受贿所得，我特送来孝敬老师。况且深更半夜又没谁知道，您又何必这样认真啊！"杨震正色说："你顶天而来，天知道，

中国古代教育智慧

杨震塑像

踏地而来，地知道，你怀金来，你知道，你把金子送给我，我知道。既然天知、地知、你知、我知，怎能说没人知道呢？你是一县的父母官，一举一动都要为人师表，一心一意都要为黎民百姓着想啊！"王密深受感动，向老师深深拜礼，惭愧地说："老师的教诲，学生深铭肺腑，永世不忘。"

为了纪念杨震辞金的事，昌邑的老百姓修了"四知堂"，建立了杨震庙和纪念塔。后来又立了"杨震辞金碑"。杨震辞金的事迹也广为传颂。

杨震在无人监督的情况下，仍守正不苟，推却重金，正是多年慎独修身的结果。如果一个人不注重自身的修养，很难想象可以成为一个清正光明的廉吏名臣。守正不苟当慎独，在杨震身上有很直接的体现。

传习录的教育智慧

荀子

【原文】

志道问:"荀子云:'养心莫善于诚',先儒非之,何也?"

先生曰:"此亦未可便以为非,诚字有以工夫说者。诚是心之本体,求复其本体。便是思诚的工夫。明道说'以诚敬存之',亦是此意。《大学》'欲正其心,先诚其意'。荀子之言固多病,然不可一例吹毛求疵。大凡看人言语,若先有个意见,便有过当处,'为富不仁'之言,孟子有取于阳虎,此便见圣贤大公之心。"

【译文】

志道问:"荀子说'养心莫善于诚',程子则不以为然,这是为什么呢?"

先生说:"这句话也不能认为它不对。'诚'有从功夫上说的。诚为心之本体,要恢复心的本体,就是思诚的功夫。程颢说的'以诚敬存之',正是这个意思。《大学》中也说:'欲正其心,先诚其意。'荀子的话固然毛病不少,但也不能一味吹毛求疵。大致上说,对别人的话进行点评,如果首先就存在看法,自然会有不公正之处。比如'为富不仁',是孟子引用阳虎的话,由此可见圣人的大公之心。"

荀子(约前313年—约前238年),名况,字卿,又称孙卿,战国末期赵国人。著名思想家、文学家、政治家,儒家学派代表人物,时人尊称"荀卿"。曾两度到当时齐国的文化中心稷下(现在山东临淄西门)游学,任过列大夫的祭酒(学官领袖),还到过秦国,拜见秦昭王,后来到楚国,任兰陵(今山东兰陵县)令。公元前238年失官,家居逝世,葬在兰陵。韩非和李斯都是他的学生。

【原文】

萧惠问:"己私难克,奈何?"

先生曰:"将汝己私来,替汝克。"又曰:"人须有为己之心,方能克己,能克己,

· 121 ·

中国古代教育智慧

林下鸣琴图

此图为元代画家朱德润所作。图绘天旷气清，树叶尽落，群雁低徊。三位高士坐长松下，一人抚琴，二人谈论正浓，松风琴韵，表现了文人的逸兴。

方能成己。"

萧惠曰："惠亦颇有为己之心，不知缘何不能克己？"

先生曰："且说汝有为己之心是如何？"

惠良久曰："惠亦一心要做好人，便自谓颇有为己之心。今思之，看来亦只是为得个躯壳的己，不曾为个真己。"

先生曰："真己何曾离着身壳？恐汝连那躯壳的己也不曾为。且道汝所谓躯壳的己，岂不是耳、目、口、鼻、四肢？"

惠曰："正是为此，目便要色，耳便要声，口便要味，四肢便要逸乐，所以不能克。"

先生曰："美色令人目盲，美声令人耳聋，美味令人口爽，驰骋田猎令人发狂，这都是害汝耳、目、口、鼻、四肢的，岂得是为汝耳、目、口、鼻、四肢？若为着耳、目、口、鼻、四肢时，便须思量耳如何听，目如何视，口如何言，四肢如何动。必须非礼勿视、听、言、动，方才成得个耳、目、口、鼻、四肢，这个才是为着耳、目、口、鼻、四肢。汝今终日向外驰求，为名、为利，这都是为著躯壳外面的物事。汝若为着耳、目、口鼻、四肢，要非礼勿视、听、言、动时，岂是汝之耳、目、口、鼻、四肢自能勿视、听、言、动，须由汝心。这视、听、言、动皆是汝心。汝心之视，发窍于目；汝心之听，发窍于耳；汝心之言，发窍于口；汝心之动，发窍于四肢。若无汝心，便无耳、目、口、鼻、四肢。所谓汝心，亦不专是那一团血肉。若是那一团血肉，如今已经死的人，那一团血肉还在，缘何不能视、听、言、动？所谓汝心，却是那能视、听、言、动的，这个便是性，便是天理。有这个性，才能生这性之生理，便谓之仁。这性之生理发在目便会视，发在耳便会听，发在口便会言，发在四肢便会动，都只是那天理发和。到其主宰一身，故谓之心。这心之本体，原只是个天理，原无非礼。这个便是汝之真己，这个真己是躯壳的主宰。若无真己，便无躯壳。真是有之即生，无之即死。汝若真为那个躯壳的己，必须用着这个真己，便须常常保守着这个真己的主体。戒惧不睹，恐惧不闻，惟恐亏损了他一些。才有一毫非礼萌动，便如刀割、如针刺，忍耐不过，必须去了刀，拔了针。这才是有为己之心，方能克己。汝今正是认贼作子，缘何却说有为己之心不能克己？"

【译文】

萧惠问："自私是不容易克去的，该怎么办呢？"

先生说："让我替你克去自私。"又说："人需要有为自己着想的心方能克己，能够克己，就能成就自己。"

萧惠问："为自己着想的心我确实有，但不知为什么不能克己？"

先生说："你不妨先谈谈你为自己着想的心是怎样的？"

秋林亭子图

此图为朱耷所作。朱耷（约1624年—约1705年），清初画家、诗人。本名统鋈，明宁王朱权后裔，曾出家为僧。擅画山水、花鸟、竹木，画面着墨不多，均生动尽致，无景处亦成妙境，所创意境，别具灵奇。此画绘写秋树茅亭、地老天荒之景，笼罩着一派荒凉静寂、无可奈何的气氛。布局独特，内涵丰富。

中国古代教育智慧

山居图（部分）

此图为元初画家钱选所作。此卷中部绘群峰突起，山下绿树成林，环抱茅舍。房前竹篱围绕，一犬吠其旁。门外绿水平堤，两人荡小舟，一篙师持杆撑船，唤渡者肩负以待。图的右侧水平如镜，左侧野桥断岸。一人骑马偕童过桥，对岸碧山红叶，长松高耸，村落隐隐可见。卷末自题诗一首，表达了作者隐于绘事、绝意仕途的思想。全图用笔工红，设色古雅，风格秀逸。既有青绿山水的工丽，又有文人画的恬静。

萧惠沉思良久，说："我也一心要做好人，便自我感觉很有一些为自己的心。如今想来，也只是一个空有躯壳的我，并非真实的自我。"

先生说："真正的自己怎能离开身体？只是你也不曾为那空有躯壳的自己，你所说的躯壳的自己，岂不是指耳、目、口、鼻、四肢吗？"

萧惠说："正是有了这些，眼睛爱看美色，耳朵爱听美声，嘴巴爱吃美味，四肢爱享受安逸。因此便不能克己。"

先生说："美色使人目盲，美声使人耳聋，美味使人口伤，放纵令人发狂，所有这些，对你的耳目口鼻和四肢都有损害，怎么会有益于你的耳目口鼻和四肢呢？如果真的是为了耳目口鼻和四肢，就要考虑耳朵当听什么，眼睛当看什么，嘴巴当说什么，四肢当做什么。只有做到'非礼勿视，非礼勿听，非礼勿言，非礼勿动'，才能实现耳目口鼻和四肢的功能，这才真正是为了自己的耳目口鼻和四肢。如今，你成天去外寻求名利，这些只是为了你外在的躯体。若你的确是为了自己的耳目口鼻和四肢，就必须'非礼勿视，非礼勿听，非礼勿言，非礼勿动'，此时，并非你的耳目口鼻和四肢自动不看、不听、不说、不动，这必须是你的心在起作用。其中视、听、言、动就是你的心。你心的视、听、言、动通过你的眼、耳、口、四肢来实现。如果你的心不存在，就没有你的耳目口鼻和四肢。所谓的心，并非专指那一团血肉。如果心专指那团血肉，现在有个人死去了，那团血肉还在，但为什么不能视、听、言、动呢？所谓你真正的心，是那能使你视、听、言、动的'性'，亦即天理。有了这个性，才有了这性的生生不息之理，也就是仁。性的生生之理，显现在眼时便能看，显现在耳时便能听，显现在口时便能说，显现在四肢便能动，这些都是天理在起作用。因为天理主宰着人的身体，所以又叫心。这心的本体，本来只是一个天理，原本无非礼存在。这就是你真实的自我。它是人的心肉体的主宰。如果没有真我，也就没有肉体。确属有了它就生，没有它就死。你若真为了那个肉体的自我，必须依靠这个真我，就需要常存这个真我的本体。做到戒惧于不视，恐惧于不闻，就怕对这个真我的本体有一丝损伤。稍有丝毫的非礼萌生，有如刀剜针刺，不堪忍受，必须扔了刀、拔掉针。如此方是有为己之心，方能克己。你现在正是认贼作子，反而说什么有为自己的心，但为何不能克己呢？"

【原文】

有一学者病目，戚戚甚忧，先生曰：

容膝斋图

此画为明代画家倪瓒的作品，描绘江南春景，平远山水。其山水胎息于董源，矶头两点，石上横拖披麻，皴法清逸。其树法参差变化，结体有骨力，而树头枝梢，每多生意。喜多作枯树，擦以枯笔，墨色浓淡错综而滋润浑厚。

中国古代教育智慧

蓬莱仙境图

此图为清代画家袁耀的作品。画家以宽阔的胸怀和超越的想象力,描绘出山川湖海吞吐日月的宏伟场面和壮丽景象。章法曲折有致,气势翻江倒海,令观者惊心动魄。画面上远近山峦,兀立隐现,在云烟幻灭之中宛如仙境。

"尔乃贵目贱心。"

萧惠好仙、释。先生警之曰:"吾亦自幼笃志二氏,自谓既有所得,谓儒者为不足学。其后居夷三载,见得圣人之学若是其简易广大,始自叹悔,错用了三十年气力。大抵二氏之学,其妙与圣人只有毫厘之间。汝今所学,乃其土苴,辄自信自好若此,真鸱窃腐鼠耳。"

惠请问二氏之妙。先生曰:"向说圣人这学简易广大,汝却不问我悟的,只问我悔的。"

惠惭谢,请问圣人之学。先生曰:"汝今只是了人事问,待汝办个真要求为圣人的心,一与汝说。"

惠再三请。先生曰:"已与汝一道尽,汝尚自不会!"

【译文】

有一位学者眼睛有病,非常忧虑。先生说:"你这是贵目贱心。"

萧惠热衷于道教、佛教。先生提醒他说:"我自幼笃信佛老,认为也颇有收获,并以为儒学不足为学。后来在贵州龙场住了三年,发现圣人之学是如此地简易、广大,才后悔错用了三十年的气力。总体而言,佛老学问的精妙处与圣人并无多大的差别。如今,你所学的只是佛老的糟粕。却如此狂热地信奉,真若鸱鹗窃得一只腐鼠。"

萧惠向先生请教佛老之学的精妙处。先生说:"我和你说圣人之学简易广大,你不肯问我所感悟的,却只问我所后悔的。"

萧惠惭愧地道歉,向先生请教圣人之学。先生说:"现在你只是做表面功夫,为敷衍了事而问,等你真有了为圣人的心之后,我再和你讲也为时不晚。"

萧惠再三地请教。先生说:"我已经用一句话给你说尽了,而你还没有明白。"

【原文】

刘观时问:"未发之中是如何?"

先生曰:"汝但戒惧不睹,恐惧不闻,养得此心纯是天理,便自然见。"

观时请略示气象。先生曰:"哑子吃苦瓜,与你说不得,你要知此苦,还须你自吃。"时曰仁在旁,曰:"如此才是真知,即是行矣。"一时在座诸友皆有省。

【译文】

刘观时问:"未发之中指的是什么?"

先生说:"只要你戒惧不睹,恐惧不闻,此心修养得纯为天理,最后你自然就能理解。"

观时请先生大概谈一下其景象。先生说:"这是所谓的哑巴吃苦瓜,与你说不得,你要明白其中之苦,还须自己去品尝。"其时,徐爱在一旁说:"如此,方为真知,才算行了。"一时之间,在座的各位都有所感悟。

【原文】

萧惠问死生之道。

先生曰:"知昼夜即知死生。"

传习录的教育智慧

霜浦归渔图

此为元代画家唐棣的作品,纵144厘米,横89.7厘米。图画坡石间乔松、枯木及杂树丛立,暮色已起,林边小径上渔人罢渔而归。丛树占据画幅的主要部分,远处的丛林树梢在云霭中隐现,令人遐想。树石法自郭熙。并立的乔松,虬曲多节疤的枯树,杂树树叶或用夹叶法,或用渍点法。人物线描熟练准确,形神俱得。作者虽为文人画家,仍具相当写实功力。

中国古代教育智慧

谭嗣同

谭嗣同（1865年—1898年），湖南浏阳人。中国近代"戊戌六君子"之一。1989年应召进京，参预新政，戊戌变法失败后被捕，就义于北京菜市口。

问昼夜之道。

曰："知昼则知夜。"

曰："昼亦有所不知乎？"

先生曰："汝能知昼？懵懵而兴，蠢蠢而食，行不著，习不察，终日昏昏，只是梦昼。惟息有养，瞬有存，此心惺惺明明，天理无一息间断，才是能知昼。这便是天德，便是通乎昼夜之道而知，便有甚么死生？"

【译文】

萧惠向先生请教生死之道。

先生说："知道了昼夜，就能知道生死。"

萧惠再请教昼夜之道。

先生说："知道了白天，就知道了黑夜。"

萧惠说："难道还有人不知道白天吗？"

先生说："你能知道白天？懵懵懂懂起床，胡嚼乱咽地吃饭，行不自觉，习不清醒，成天浑浑噩噩，这只是梦中的白天。唯有'息有养，瞬有存'，此心清醒明亮，天理没有片刻间断，才能知道白天。这个就是天德。这就是明白了昼夜之道。知晓了白昼之道，还有什么生死的问题？"

【故事】

维新志士谭嗣同

人活着的方式有两种，一种是庸庸碌碌，浑浑噩噩，漫无目的，毫无追求，没有尊严的活着；另一种人清醒地知道是自己为何而活，并一直为自己的目标努力奋斗。后一种人活得踏实、明白，是真正、大写的人。清末戊戌变法志志谭嗣同就是这样的人。

谭嗣同年少时刻苦自励，博览群书，最喜欢经世济民的学问，对传统的时文八股非常反感。他的文章写得淋漓酣畅，极富文采。他好任侠，非常仰慕那些锄强济弱的草莽英雄。在二十一岁的时候，他离家出游，游历了大半个中国，观察到各地的风土人情。此时，地方劳动人民反封建的斗争正波涛汹涌，丰富的社会阅历开阔了他的视野，使他的思想富于斗争性。后来，他认真研究明代启蒙思想家王守仁等人的著作，汲取其中的民主性精华和唯物色彩的思想，同时又广为搜罗和阅读当时介绍西方科学、史地、政治的书籍，丰富自己。广阔的游历和进步知识的濡染，使谭嗣同的思想认识更上一层楼。

1894年，中日甲午战争爆发。由于清政府的腐败无能和妥协退让，清政府战败并签订了丧权辱国的《马关条约》。1895年，康有为联合在京参加会试的一千多名举人上书清政府，要求拒和、迁都、变法。深重的民族灾难，焦灼着谭嗣同的心，他对帝国主义的侵略义愤填膺，坚决反对签订和约。在变法思潮的影响下，谭嗣同感到必须对腐朽的封建专制制度实行改革，才能救亡图存。

1898年初，受人推荐，光绪帝召见了谭嗣

传习录的教育智慧

谭嗣同头像

图为湖南浏阳谭嗣同故居内谭嗣同的头像，头像后题字为：坚脊如铁，赤子神飞浏阳河，横刀向天，英雄血洒菜市口。

中国古代教育智慧

浏阳谭嗣同故居

图为湖南浏阳谭嗣同故居。谭嗣同，是中国近代资产阶级著名的政治家、思想家，维新志士。他主张中国要强盛，只有发展民族工商业，学习西方资产阶级的政治制度。公开提出废科举、兴学校、开矿藏、修铁路、办工厂、改官制等变法维新的主张。写文章抨击清政府的卖国投降政策。1898年变法失败后被杀，年仅三十三岁。

同，准许他参预新政，赐四品官衔。第二天，光绪又召见他，表示自己是愿意变法的，只是太后和守旧大臣阻挠而无可奈何。光绪帝变法的决心和对维新派的信任让谭嗣同非常感动，他觉得自己要担负起国之大任了。其实在谭嗣同参政时，维新派与顽固派的斗争已经是剑拔弩张了。慈禧太后等人早有密谋，要在10月底光绪帝去天津阅兵时发动兵变，废黜光绪帝，一举剿灭新政。9月18日，谭嗣同冒险夜访袁世凯，劝说袁带兵入京，除掉顽固派护驾。袁世凯假惺惺地表示先回天津除掉荣禄，然后率兵入京。袁世凯很快就到了天津，却是向荣禄告密，荣禄又密报慈禧。慈禧太后随后连发谕旨，捉拿、通缉维新派。

谭嗣同已经有所预料，所以当他听到政变消息后并不惊慌。在最后的时刻，谭嗣同置自己的安危于不顾，加紧多方活动，筹谋营救光绪帝。但是新派力量势单力薄，兵权基本上掌握在顽固派手中，各种营救计划均落空。在这种情况下，谭嗣同决心以死来殉变法事业，用自己的牺牲去向封建顽固势力做最后一次反抗，用自己的生命唤醒更多的人变法革命。谭嗣同把自己的书信、文稿交给了梁启超，要他东渡日本避难，并慷慨地说："不有行者，无以图将来，不有死者，无以召后起。"日本使馆曾派人与他联系，表示可以为他提供保护，他毅然回绝，并对来人说："各国变法无不从流血而成，今日中国未闻有因变法而流血者，此国之所以不昌也。有之，请自嗣同始。"

谭嗣同安排好一切后，在会馆静静地等待来抓他的人。在狱中，他神态从容，镇定自若，写下了这样一首诗："望门投止思张俭，忍死须臾待杜根。我自横刀向天笑，去留肝胆两昆仑。"1989年9月28日，谭嗣同与其他五位志士英勇就义于北京宣武门外菜市口。刑场上，万人围观，谭嗣同神色不变，大声说："有心杀贼，无力回天，死得其所，快哉快哉！"英勇就义，年仅三十三岁，他的所言所行，充分表现了一位爱国志士舍身报国的英雄气概。

剑胆琴心，谭嗣同为变法而流血牺牲，在他不长的生命历程中，活得明白，死得其所！

狱中题壁

1898年，谭嗣同任四品卿衔军机章京，参与变法。后被捕，谭嗣同在牢房墙壁上题诗道："我自横刀向天笑，去留肝胆两昆仑。"豪情万丈，甘为变法流血牺牲。

中国古代教育智慧

授徒图

此图为明代画家陈洪绶所作。图中画一位学士据案而坐,案上置有书画、茶壶、杯等物。学士手执如意,前视两位女弟子。两位弟子坐于圆凳,一位低头凝视案上的画,另一位正往瓶中插花。此图表现的是学士向女弟子传授技艺的情景,或许是陈洪绶自己生活的真实写照。画面用细笔勾线,造型严谨,真实自然。

【原文】

马子莘问:"'修道之教',旧说谓圣人品节吾性之固有,以为法于天下,若礼、乐、刑、政之属,此意如何?"

先生曰:"道即性即命。本是完完全全、增减不得、不假修饰的。何须要圣人品节?却是不完全的物件。礼、乐、刑、政是治天下之法,固亦可谓之教,但不是子思本旨。若如先儒之说,下面由教入道的,缘何舍了圣人礼、乐、刑、政之教,别说出一段戒慎恐惧工夫?却是圣人之教为虚设矣。"

【译文】

马子莘问:"朱熹先生认为,'修道之教'是指圣人品节吾性中固有的道,是天下人效法的标准,比如礼、乐、刑、政之类,这种认识正确吗?"

先生说:"道,就是性就是命。道,本是完完全全的、不可增减、不用修饰,何需圣人去品节?如此不就成了不完美的东西了吗?礼、乐、刑、政是治理天下的办法,当然可称为教,但并不是子思(孔子之孙)的原意。若依先儒的解释,中下资质的人通过教育可通达大道,为何要弃圣贤礼乐和刑政的教化,而另说出一种戒慎恐惧的功夫呢?圣人之教难道仅为一种虚设吗?"

【原文】

子莘请问。

先生曰:"子思性、道、教皆从本原上

传习录的教育智慧

说。天命于人,则命便谓之性;率性而行,则性便谓之道;修道而学,则道便谓之教。率性是'诚者'事,所谓'自诚明,谓之性'也。修道是'诚之者'事,所谓'自明诚,谓之教'也。圣人率性而行即是道。圣人以下未能率性,于道未免有过不及,故须修道。修道则贤知者不得而过,愚不肖者不得而不及,都要遁着这个道,则道便是个教。此'教'字与'天道至教'、'风雨霜露,无非教也'之'教'同。'修道'字与'修道以仁'同。人能修道,然后能不违于道,以复其性之本体,则亦是圣人率性之道矣。下面'戒慎恐惧'便是修道的工夫,'中和'便是复其性之本体。如《易》所谓'穷理尽性以至于命','中和'、'位育',便是尽性至命。"

【译文】

马子莘就有关问题请教于先生。

先生说:"子思的性、道、教都是从根本上说的。天命在人,那么命即为性;率性而行,那么性即为道;修道而学,那么道即为教。率性是'诚者'之事,正是《中庸》中讲的'自诚明,谓之性。'修道是'诚之者'之事,正是《中庸》中讲的'自明诚,谓之教'。圣人率性而行就是道。圣贤之下的人不能率性,他们的行为难免过分或欠缺,因此必须修道。修道后,贤明智者不会过分,愚昧不肖者不会不及。依循这个道,道就成了教。这个'教'与'天道至教、风雨霜露,无非教

子思

子思(前483年—前402年),姓孔,名伋,字子思,孔子嫡孙,战国初期鲁国人,儒家的主要代表之一。子思受教于孔子的高足曾参,孔子的思想学说由曾参传子思,子思的门人再传孟子。思上承曾参,下启孟子,在孔孟思想的传承中占有重要的地位。

中国古代教育智慧

颜回

颜回聪敏过人，虚心好学，他较早地体会到孔子学说的精深博大，他对孔子的尊敬已超出一般弟子的尊师之情。他以尊崇千古圣哲之情尊崇孔子。

也'的'教'相同。'修道'与《中庸》上的'修道以仁'相同。人能够修道，然后才能不违背道，从而恢复性的本体，这也就是圣人率性的道了。《中庸》后面讲的'戒慎恐惧'就是修道的功夫。'中和'就是恢复性的本体。如《易经》上所说的'穷理尽性以至于命'。能够达到'中和''位育'，就是尽性而至命。"

【原文】

黄诚甫问："先儒以孔子告颜渊为邦之问，是立万世常行之道。如何？"

先生曰："颜子具体圣人，其于为邦的大本大原都已完备。夫子平日知之已深，到此都不必言，只就制度文为上说。此等处亦不可忽略，须要是如此方尽善。又不可因自己本领是当了，便于防范上疏阔，须是要'放郑声，远佞人'。盖颜子是个克己向里德上用心的人，孔子恐其外面末节或有疏略，故就他不足处帮补说。若在他人，须告以'为政在人，取人以身。修身以道，修道以仁''达道''九经'及'诚身'许多工夫，方始做得，这个方是万世常行之道。不然只去行了夏时，乘了殷辂，服了周冕，作了韶舞，天下便治得？后人但见颜子是孔门第一人，又问个为邦，便把做天大事看了。"

【译文】

黄诚甫问："《论语》中，孔子回答颜回关于治国的问题，先儒认为它确立了万世常行之道。这种认识对吗？"

先生说："颜回具有圣人的整体素质，对于治国的根本问题，他已彻底掌握了。孔子平时对他十分了解，在这里孔子没必要再多说，只是就典章制度上讲的，这些也不能忽视，只有如孔子所说的那样才是完善。也不能因自己具备这些本领而疏于防范，还应该'放郑声，远佞人'。因为颜回是一个性格内向、注重道行修养的人，孔子忧虑他忽视了外在的细节，因此就他的不足加以提示。如果是别人，孔子也许会告诉他，比如：'为政在人，取人以身，修身以道，修道以仁'，'达道''九经'及'诚身'等诸多功夫，如此才能去治国，这才是万世常行之道。不然，只去用夏代历法、乘商代车舆、穿周代礼服、享舜的韶乐，天下岂能大治？后世人只明白颜回是孔门第一高徒，而他又问了一个怎样治国的问题，就把孔子的回答看作天大的事情。

【原文】

蔡希渊问："文公《大学》新本，先格致而后诚意工夫，似与首章次第相合。若如先生从旧本之说，即诚意反在格致之前，于此尚未释然。"

先生曰："《大学》工夫即是'明明德'，'明明德'只是个'诚意'，'诚意'的工夫只是'格物''致知'。若以'诚意'为主，去用'格物''致知'的工夫，即工夫始有下落。即为善去恶无非是'诚意'的事。

孔子真迹

在河南省卫辉市的比干庙内，有我国历史上第一忠臣殷太师比干的墓冢，当年孔子亲率弟子临墓凭吊，挥剑刻下"殷比干莫（古时莫、墓通用）"四字，立石于墓前。据专家考证，这是目前国内唯一发现的孔子真迹。

中国古代教育智慧

孔庙"鲁壁"纪念处

秦始皇焚书坑儒时,孔子九代孙孔鲋将《论语》等儒家经册藏在一堵墙壁中,直到汉代这批所谓"鲁壁藏书"才被发现。图为孔庙为纪念此事而建的"鲁壁"。

如新本先去穷格事物之理,即茫茫荡荡,都无着落处,须用添个'敬'字,方才牵扯得向身心上来,然终是没根源。若须用添个'敬'字,缘何孔门倒将一个最要紧的字落了,直等千余年后要人来补出。正谓以'诚意'为主,即不须添'敬'字。所以提出个'诚意'来说,正是学问的大头脑处。于此不察,真所谓毫厘之差,千里之谬。大抵《中庸》工夫只是'诚身','诚身'之极,便是'至诚'。《大学》工夫只是'诚意','诚意'之极,便是'至善'。工夫总是一般。今说这里补个'敬'字,那里补个'诚'字,未免画蛇添足。"

【译文】

蔡希渊问:"朱熹先生在《大学章句》中,把格物致知放在诚意功夫之前,似乎与第一章的次序相同。如果按照先生的主张,仍依据旧本的话,那么,诚意就在格物致知的前面,二者似有矛盾。所以,我还有不明白的地方。"

先生说:"《大学》的功夫就是'明明德','明明德'只是个'诚意','诚意'的功夫只是'格物''致知'。若以'诚意'

为主要,用'格物''致知'的功夫,功夫才有着落。亦即为善去恶都是'诚意'的事。如果像新本所说,先去穷究事物之理,就会茫然而没有着落处。必须增添一个'敬'字,才能找回自己的身心上来,但毕竟没有根源。如果须添个'敬'字,为什么孔子及其弟子把如此关键而重要的字给遗漏了,一直等到千余年后的今天才被人补上呢?只要说以'诚意'为主要,就不用添'敬'。因此,特提一个'诚意',此正为学问的主宰处。对这个不明白,真可谓差之毫厘,谬以千里了。一般说来,《中庸》的功夫只是'诚身','诚身'的极限便是'至诚',《大学》的功夫只'诚意','诚意'的极限便是'至善',功夫永远相同。现在在这里添一个'敬'字,在那里要补一个'诚'字,未免画蛇添足、多此一举了。"

【故事】

从真诚开始的宋濂

"至诚"之道时刻体现在人们的日常活动中,每个人每时每刻都在体验着这种天生的、自发的"诚意",至诚之道的运用在于个人的不断修为,真正做到了至诚,所有的问题都会

宋濂

宋濂(1310年—1381年),字景濂,号潜溪,浦江(今浙江)人。明初受明太祖朱元璋之聘,任江南儒学提举,后负责纂修《元史》,官至翰林学士承旨、知制诰(掌起草诏令之官职),是明代开国文臣之首。后因长孙宋慎牵涉吴惟庸案(吴与朱元璋矛盾,谋逆被杀),全家流放到四川,宋濂途中生病去世。

中国古代教育智慧

迎刃而解，有了诚的道德信念和道德意志，就可以达到成己、成物的境界。

宋濂是明代开国文臣中知识最渊博的一个。他并非出生于书香门第，却能博览群书，得到名师的指点，这全得益于他诚实守信和坚忍不拔的品格。

宋濂小时侯喜欢读书，但是家里很穷，也没钱买书，只好向人家借。每次借书，他都讲好期限，按时归还，从不违约，人们都乐意把书借给他。

一次，他借到一本书，越读越爱不释手，便决定把它抄下来，可是还书的期限快到了。他只好连夜抄书，时值隆冬腊月，滴水成冰。他母亲说："孩子，都半夜了，

宋濂苦学成才

那么冷，天亮了再抄吧，人家又不等着看这本书。"宋濂说："不管人家等不等这本书看，到期限就要还，这是个诚信问题。如果说话做事不讲信用，失信于人，怎么可能得到别人的尊重。"

还有一次，宋濂要去远方向一位著名学者请教，并约好见面日期，谁知出发那天下起鹅毛大雪。当时宋濂挑起行李准备上路时，母亲

惊讶地说："这样的天气怎能出远门呢？再说，老师那里早已经大雪封山了。你这一件旧棉袄，也抵不住深山的严寒啊！"宋濂说："娘，今日不出发就会误了拜师的日子，是对老师不尊重啊。风雪再大，我都得上路。"

当宋濂赶到老师家里时，老师感动地称赞他说："年轻人，守信好学，将来必有大出息！"

从宋濂的故事中我们可以看出，正是他的诚信，促使了他以后的成功。宋濂的诚信故事，都是一些非常微小的事情，但这正是我们诚信文化发展的基础。

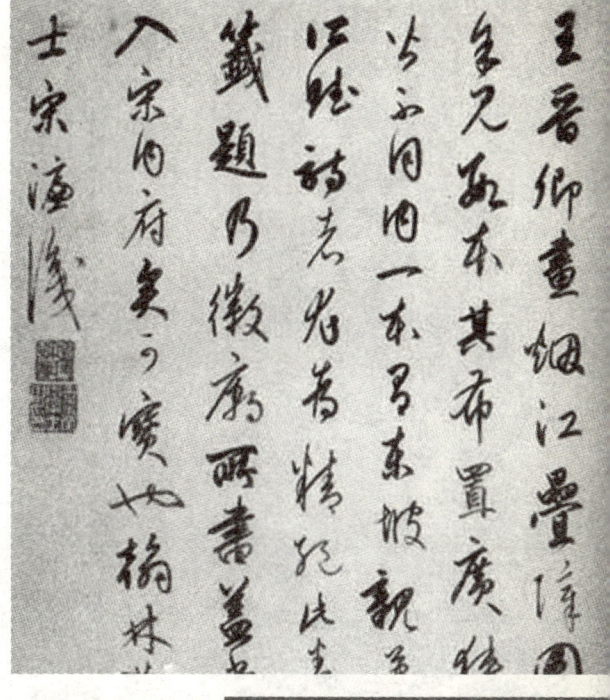

王洗烟江叠嶂图跋

此图跋为宋濂所作，用笔清丽婉约激扬豪迈，行草相杂，使整篇气韵生动，有明代书法的典型风格。

也许很多人都有这样的看法：我只要在大事上做到诚实守信，对于一些微小的事情，常常因为不重要而忽略掉。诚然，在大事情上，我们一定要时时刻刻谨慎，时时刻刻保持自己的信用。但是古语曾云：一屋不扫，何以扫天下。正是有做小事情的点点滴滴，我们才会在大事情上临危不乱。滴水能汇成大海，而千里之堤也可能溃于蚁穴。当我们的民族在继承与发扬古老文化时，当我们的国家在探寻富国强民的道路时，如果每一个公民都能够把诚信作为自己的标牌，把点滴小事也当成是验证自己诚信的标准，那么，我们的世界将永远地充满着真、善、美！

第五篇　门人黄直录

【原文】

黄勉叔问："心无恶念时，此心空空荡荡的，不知亦须存个善念否？"

先生曰："既去恶念，便是善念，便复心之本体矣。譬如日光被云来遮蔽，云去光已复矣。若恶念既去，又要存个善念，即是日光之中添燃一灯。"

【译文】

黄修易（字勉叔）问："心无恶念时，这个心就空空荡荡，是不是再需要存养一善念？"

先生说："既然除掉了恶念，就是善念，也就恢复了心的本体。例如，阳光被乌云遮挡，当乌云散去后，阳光就会重现。若恶念已经除掉，而又去存养一个善念，这岂不是在阳光下又添一盏明灯。"

【原文】

问："近来用功，亦颇觉妄念不生，但腔子里黑窣窣的，不知如何打得光明？"

先生曰："初下手用功，如何腔子里便得光明？譬如奔流浊水，才贮在缸里，初然虽定，也只是昏浊的。须俟澄定既久，自然渣滓尽去，复得清来。汝只要在良知上用功。良知存久，黑窣窣自能光明矣。今便要责效，却是助长，不成功夫。"

洞天山堂图

此画无款，图绘白云吞吐飘浮于山间，山谷中松林茂密，清溪流淌，隐露楼观，境界清幽，鲜明地表现了世外仙境。画幅右上楷书"洞天山堂"四字，点明了全画主题。此图笔墨苍劲，景色茂密，云朵以白粉染绘，近于十二世纪后之山水画风貌，按金代很多山水画承袭董源而有所变化，此画当为金代之作。

传习录的教育智慧

【译文】

有人问："近来用功，也颇感妄念不会再滋生。然而，内心深处却一团漆黑，不知如何才能让它光明？"

先生说："开始用功时，心里怎么会立即光明？例如，奔流着的污水刚置入缸中，开始即使静止不动，也是浑浊的。只有经过长时间的澄清，水中的渣滓才会沉淀，又会成为清水。你只要在良知上用功，良知经过长时间的存养，心中的自会光明。如今若要它立刻见效，只不过是揠苗助长，不能看成是功夫。"

【原文】

先生曰："吾教人致良知，在格物上用功，却是有根本的学问。日长进一日，愈久愈觉精明。世儒教人事事物物上去寻讨，却是无根本的学问。方其壮时，虽暂能外面饰，不见有过，老则精神衰迈，终须放倒。譬如无根之树，移栽水边，虽暂时鲜好，终久要憔悴。"

【译文】

先生说："我教导人致良知，需要在格物上用功，它是有根基的学问。一天比一天有所进步，时间越长就越觉得精明。朱熹教人到每件事物上去寻求探讨，那是没有根基的学问。人年轻的时候，虽然还能修饰表面，即使有问题也看不出，到老年时精力衰竭，最终会支撑不住。例如，把一株无根的树移栽到水边，短

朱熹

朱熹是我国古代著名的思想家，宋明理学的集大成者，也是儒家伦理思想体系的完成者。他的学说影响了后世学术思想的发展达六七百年之久，其余波至今未已。在儒教学者的心目中，朱熹是地位仅次于孔、孟的夫子。

中国古代教育智慧

杏坛遗址

杏坛遗址,在山东曲阜孔庙大成殿庭院正中,相传是孔子聚众讲学之所,杏坛重檐十六柱,覆以黄琉璃瓦。亭内有碑两座,一是金代党怀英的篆书"杏坛"碑;二是清高宗弘历的杏坛赞碑。因以讲堂旧基筑石为坛,植以杏,取杏坛之名名之,以后历代相承。后来转义为凡是授徒讲学的地方,都可叫作杏坛。

时间内树虽生气勃勃,但时间一久,自然会枯萎而死。"

【原文】

问"志于道"一章。

先生曰:"只是志道一句,便含下面数句功夫,自住不得。譬如做此屋,'志于道'是念念要去择地鸠材,经营成个区宅。'据德'却是经画已成,有可据矣。'依仁'却是常常住在区宅内,更不离去。'游艺'却是如些画采,美此区宅。艺者义也,理之所宜者也。如诵诗、读书、弹琴、习射之类,皆所以习此心,使之熟于道也。苟不'志道'而'游艺'却如无状小子,不先去置造区宅,只管要去买画挂,做门面,不知将挂在何处?"

【译文】

有人就《论语》中的"志于道"一章请教于先生。

先生说:"关于志道这句,它包含了以下好几句的功夫,不能仅停留在志道上。例如建房屋这件事,它的'志于道',就是一定要挑好地方。用好材料,将房子建成功;'据于德',就是把房子建成有地方居住;'依于仁',就是长期居住在这房子里,不再离去;'游于艺',就是把房子加以装饰美化。艺,就是理的最恰当处。比如诵诗、读书、弹琴、射击之类,都是为了调习这个心,使它能够纯熟于道。若不'志于道'而去'游于艺',如同一个糊涂小伙,不先去建造房屋,只顾去买张挂,装点门面,不知他究竟要把画挂在什么地方?"

【原文】

问:"读书所以调摄此心,不可缺的。但读之时,一种科目意思牵引而来。不知何以免此?"

先生曰:"只要良知真切,虽做举业,不为心累。总有累,亦易觉克之而已。且如读书时,良知知得强记之心不是,即克去之;有欲速之心不是,即克去之;有夸多斗靡之心不是,即克去之。如此亦只是终日与圣贤印对,是个纯乎天理之心。任他读书,亦只是调摄此心而已。何累之有?"

【译文】

有人问:"读书就是为了修养我的心,从而它是必不可缺的。然而在读书时,又有科举的思虑产生,这种情况怎样才能避免出现呢?"

先生说:"只要良知真切,即使是为了科举考试,也不会成为心的负担。就是有了负担,也容易发觉并得以克制。例如读书时,良知清楚强记的心不对,就除去它;良知清楚求速的心不对,就除去它;良知清楚有好胜的心不对,就除去它。如此一来,总是成天与圣贤的心彼此印证,就是一个纯乎天理的心。无论

奇峰万木图

此画是北宋画家燕文贵的作品,纵24.4厘米,横25.8厘米,背景用淡墨烘染,有朦胧之感,颇具诗意。图中近、远的山峰,遥遥相对,山峰上密布着叶树。画法用短笔勾斫,构图新颖。

中国古代教育智慧

秋夜读书图

此画为清代画家蔡嘉所作。蔡嘉，生卒年不详，字松原，号雪堂，清代江苏丹阳人，侨居扬州。所居曰高寒旧馆。画林荫下茅堂，篱门紧闭，堂中有一书生正秉烛攻读，一小童侍立一旁，窗外石级处立着一鹤，几棵树上的红叶，点出了秋意。用笔简练，树石用浓墨渲染，用浓墨点苔，画法自成一家。

如何读书，也只是修养此心罢了，怎么会有负担呢？"

【原文】

曰："昂蒙开示，奈资质庸下，实难免累。窃闻穷通有命，上智之人，恐不屑此。不肖为声利牵缠，甘心为此，徒自若耳。欲屏弃之，又制于亲，不能舍去，奈何？"

先生曰："此事归辞于亲者多矣。其实只是失志。志立得时，良知千事万事只是一事。读书作文，安能累人？人自累于得失耳！"因叹曰："此学不明，不知此处耽搁了几多英雄汉！"

【译文】

有人问："先生，承蒙您启发，怎奈我资质低下，的确很难除去这一负担。我曾听说，人的穷困和通达都是由命运安排的。天资聪颖的人，对科举等事情大概会不屑一顾。但是我被声名利禄缠绕，心甘情愿为科举而读书，我只能独自苦恼，想摒除这个念头，又被父母双亲管制，不能抛弃，到底该怎么办？"

先生说："把这类事情归罪于亲人的，天下并不少见。说到底，还是他自己没有志向。志向坚定了，在良知的主宰下，千事万事也只是一件事。读书作文，怎么会成为人的负担呢？人还是被自己的那个计较得失的心给困扰了啊！"因而，先生感慨地说："良知的学问不明，在这里不知道耽搁了多少英雄好汉！"

【故事】

有志者事竟成

诸葛亮父母早逝，由叔父诸葛玄抚养长大，在诸葛亮十七岁的时候，他的叔父诸葛玄去世。诸葛亮就带着弟弟迁居离襄阳二十余里的隆中，从此过了十年躬耕苦读的生活。隐居草庐间，胸怀天下事。在隆中山的十年，诸葛亮广交学友，拜师求艺，经常与密友徐庶、崔州平、孟建、石韬高谈阔论，也与荆州名士司马徽、庞德公、黄承彦等有结交。诸葛亮素有凌云之志，十载冬秋苦读，以管仲、乐毅等贤相军师为榜样的他已经满腹经纶了，人称"卧龙"。

在隆中隐居时，诸葛亮常常自比管仲、乐毅。管仲是春秋时期的齐国相国，在他的管理和带领下，齐国富国强兵，九合诸侯，使齐桓公成为五霸之首。乐毅是战国时期的燕国名将，他联合韩、赵、魏、楚，总领五国之兵讨伐齐国，连占七十余城。诸葛亮自比故乡的名相管仲、威震故土的名将乐毅，说明他年轻时就有建功立业的远大志向。时人都以为不然，只有好友徐庶、崔州平相信他的才干，司马徽信任他的才华。后来，司马徽向刘备推荐了诸葛亮，曾任刘备军师的徐庶也向刘备重点推荐了诸葛亮。高士、军师的推荐让刘备对诸葛亮的才能深信不疑，刘备带着关羽和张飞"三顾茅庐"，才使得诸葛亮出山相助。

诸葛亮

诸葛亮（181年—234年），字孔明，号卧龙，琅琊阳都（今山东沂南）人，三国时期杰出的政治家。在隆中隐居苦读，二十七岁时，被刘备三顾茅庐请出山，帮助刘备东联孙吴，北拒曹魏，建立蜀汉政权。刘备称帝后任蜀汉丞相。后主刘禅继位后，为蜀汉统一大业，诸葛亮曾六次北伐中原。公元234年，因积劳成疾，病逝于五丈原，葬于定军山。

中国古代教育智慧

三顾茅庐

建安十二年（207年），刘备求贤若渴，礼贤下士，三次前往隆中，请诸葛亮出山相助，问以统一天下大计，诸葛亮深为刘备"三顾茅庐"的诚意所打动，精辟地分析了当时的形势，提出"三分天下，最后统一天下"的策略。刘备大为叹服，遂以诸葛亮为军师，共图大业。

在危难之时受命的诸葛亮，没有让刘备失望，带给刘备更多的是惊喜。他未出山时，就提出了三分天下后统一的大计。出山之后帮助刘备东联孙吴，北拒曹魏，建立蜀汉政权，使得无立足之地的刘备三分天下。

诸葛亮在《诫子书》中说"非淡泊无以明志，非宁静无以致远。"这是诸葛亮对他的儿子诸葛瞻的谆谆教导，也是他关于修身养德的至理名言。一个人不恬淡寡欲就不能确立远大的志向，不排除杂念就无法深谋远虑。一个人利欲熏心，就不能有远大志向；淡泊名利才能立志恢弘，心态平和才能深思熟虑。这也是诸葛亮一生的总结，淡泊名利，志存高远。

人的志向与成就从来是密切相关的。如果没有远大的志向，就不可能成就大业。一般来说，对自己的要求高，取得的成就就大；对自己的要求低，取得的成就则小，以致一事无成。一个人即使身居陋室，柴米不继，只要有远大的理想，崇高的抱负，也能奋然前行，干出一番经天纬地的事业。诸葛亮就是这样的人，隐居在隆中，志在天下，十年苦读，卧龙腾飞。

【原文】

问:"'生之谓性',告之亦说得是,孟子如何非之?"

先生曰:"固是性,但告子认得一边去了,不晓得头脑。若晓得头脑,如此说亦是。孟子亦曰:'形色,天性也。'这也是指气说。"又曰:"凡人信口说,任意行,皆说此是依我心性出来,此是所谓生之谓性。然却要有过差。若晓得头脑,依吾良知上说出来,行将去,便自是停当。然良知亦只是这口说,这身行。岂能外得气,别有个去行去说?故曰:'论性不论气不备,论气不论性不明。'气亦性了,性亦气也。但须认得头脑是当。"

【译文】

有人问:"告子所讲的'生之谓性',我认为说得十分正确,但是,孟子为什么要反对呢?"

先生说:"性固然是与生俱来的,但告子只是把它看成性,不懂得其中还有一个主宰处。若明白了还有一个主宰处,他的话也还是正确的。孟子也说:'形色,天性也。'这也是针对气说的。"先生又说:"一个人胡言乱语,肆意纵情,都说这是根据我的心性而做的,这就是所谓的'生之谓性',但这样会犯错误。如果知道有一个主宰处,自我良知上说出来,做下去,自然就会正确。然而,良知也只是我这嘴说、这身体行,怎能离开气,另外有一个东西去说、去做呢?因此程颐说:'论

告子

战国时期思想家。名不详,一说名不害。曾在孟子门下学习。善口辩,讲仁义。告子以主张"性无善无不善"的人性论而著称。告子的著作没有流传下来,仅有只鳞片甲记录在《孟子·告子》中。

中国古代教育智慧

虎溪三笑图

此图作者不详，纵26.4厘米，横47.6厘米。描绘三老在平远溪水处谈笑风生的场面。所画人物造型生动而准确，手法洗炼，情态传神。四周的山水、树林皆描绘得非常真实，这充分体现了作者对大自然美好的憧憬。

性不论所不备，论气不论性不明。'气亦即性，性亦即气，但是，要认准主宰处才是正确的。"

【原文】

又曰："诸君功夫，最不可助长。上智绝少，学才无超入圣人之理。一起一伏，一进一退，自是功夫节次。不可以我前日用得功夫了，今却不济，便要矫强做出一个没破绽的模样。这便是助长，连前些子功夫都坏了，此非小过。譬如行路的人遭一蹶跌，起来便起，不要欺人做那不曾跌倒的样子出来。诸君只要常常怀个'遁世无闷，不见是而无闷'之心，依此良知忍耐做去，不管人非笑，不管人毁谤，不管人荣辱，任他功夫有进有退，我只是这致良知的主宰不息，久久自然有得力处。一切外事亦自能不动。"又曰:"人若着实用功,随人毁谤,随人欺谩,处处得益,处处是进德之资。若不用功,只是魔也,终被累倒。"

【译文】

先生又说:"各位做功夫时,千万不要助长它。上等智慧的人很少,学者没有超过圣人的道理。一起一伏,一进一退,这是做功夫的秩序。不可因为我从前用了功夫,而到现在这功夫不管用了,我还勉强装出一个没有破绽的样子,这就是助长,这种做法,连从前的那点功夫也给遗弃了。这可不是小小的错误。这就好比一个人走路,不小心跌了一跤,站起来就走,不要假装一副没有跌倒的模样来欺骗人。各位只要经常怀着一个'遁世无闷,不见是而无闷'的心,根据这些耐心地做下去,不在乎别人的嘲笑、诽谤、称誉、侮辱,任他功夫有进有退,我只要这致良知没有片刻停息,时间久了,自会感到有力,也自然不会被外面的任何事情所动摇。"先生又说:"人若实实在在地用功,不论别人如何诽谤和侮辱,依然会处处受益,处处都能培养道理。若不用功,别人的诽谤和侮辱就会有如魔鬼,最终会被它累垮。"

【原文】

先生一日出游禹穴,顾田间禾曰:"能几何时,又如此长了!"

范兆期在旁曰:"此只是有根,学问能自

大禹

夏禹,颛顼之孙,姓姒,号禹。因平治洪水有功,受舜禅让为天子,世称为大禹。在位八年而卒,禅位于益。禹子启诛杀益,成为夏朝第一个皇帝。禹也称为夏后氏。夏禹公而忘私、不畏艰险驯服洪水的业绩,成为中华民族精神的象征。

中国古代教育智慧

禹穴

禹穴沟距四川北川县城29千米，距绵阳90千米，景区面积10平方千米，是古代英雄大禹的出生地，至今完好地保存着李白、颜真卿游禹穴的墨迹。大诗人李白在沟内石崖上题写了"禹穴"二字，著名书法家颜真卿书写的"禹穴"也镌刻在二米高的石碑上，立在清泗沟口。沟内的"一线天"绝壁上，也镌刻有虫篆书"禹穴"二字，相传是大禹所写。

植根，亦不患无长。"

先生曰："人孰无根，良知即是天植灵根，自生生不息。但着了私累，把此根戕贼蔽塞，不得发生耳。"

【译文】

有一天，先生去禹穴浏览观光，他看着田间的禾苗说："仅几天工夫，禾苗又长高了。"

在一旁的范兆期说："这是因为它有根。做学问如果能种根，就不用担心它不进步。"

先生说："哪一个人没有根，良知就是天生的灵根，自然会生生不息。只因为被私欲拖累，把这灵根残害蒙蔽了，使它不能正常地生长发育。"

【原文】

一友常易动气责人，先生警之曰："学须反己。若徒责人，只见得人不是，不见自己非。若能反己，方见自己有许多未尽处，奚暇责人？舜能化得象的傲，其机括只是不见象的不是。若舜只要正他的奸恶，就见得象的不是矣。象是傲人，必不肯相下，如何感化得他？"

是友感悔。

曰："你今后只不要去论人之是非，凡当责辨人时，就反做一件大己私，克去方可。"

先生曰："凡朋友问难，纵有浅近粗疏，或露才扬已，皆是病发。当因其病而药之可也,不可便怀鄙薄之心。非君子与人为善之心矣。"

【译文】

有位朋友经常动气而指责别人。先生告诫他说:"学习应该反身自省。如果只去指责别人,就只能看到别人的错误,就不会看到自己的缺点。若能反身自省,才能看到自己有许多不足之处,哪还有时间去指责别人?舜之所以能感化象的傲慢,最主要的就是舜不去看象的不是。如果舜坚决要去纠正象的奸恶,只会看到象的不是,而象又是一个傲慢的人,肯定不会认错,舜又岂能感化他?"

这位朋友听了这番话,甚感惭愧。

先生说:"从今以后,你只要不去议论别人的是非,大凡要责备别人的时候,就把它当做自己的一大私欲加以克治才行。"

先生又说:"朋友在一起辩论,即使有浅近粗疏的地方你如果想因而显才扬己,都是毛病在发作。只有对症下药才行,不能因此而怀有轻视别人的心。不然,就不是君子与人为善的心了。"

舜

舜,传说中的远古帝王,五帝之一,姓姚,名重华,号有虞氏,史称虞舜。相传他的父亲瞽叟及继母、异母弟象,多次想害死他:舜修补谷仓仓顶时,父亲等人从谷仓下纵火,舜手持两个斗笠跳下逃脱;舜掘井时,瞽叟与象却下土填井,舜掘地道逃脱。事后舜毫不嫉恨,仍对父亲恭顺,对弟弟慈爱。

中国古代教育智慧

孔子像

此画为南宋画家马远所作。马远的绘画成就以山水画最高,但其画人物也同样不甘于前人的程式。从传世作品可以看出,他突破前人窠白,敢于大胆剪裁,删繁就简,运用人物身段、动态来刻画人物的形神,达到了简洁生动的美术效果。这从《孔子像》可以窥见一斑。此图孔子身着长袍,拱手而立,沉静肃穆,若有所思,神情十分生动。全图用秃笔写衣纹,简练概括,线条劲拔,寥寥数笔,形神毕现,设色浅淡,韵味高雅。

第六篇 门人黄省曾录

【原文】

问"道心人心"。

先生曰:"'率性之谓道',便是道心。但着些人的意思在,便是人心。道心本是无声无臭,故曰'微';依着人心行去,便有许多不安稳处,故曰'惟危'。"

问:"'中人以下,不可以语上',愚的人与之语上尚且不进,况不与之语可乎?"

先生曰:"不是圣人终不与语。圣人的心忧不得人人都做圣人,只是人的资质不同,施教不可躐等。中人以下的人,便与他说性、说命,他也不省得,也须慢慢琢磨他起来。"

【译文】

有人就道心人心请教于先生。

先生说:"'率性之谓道',就是道心。在其中若添加了一些人的欲望,就是人心。道心原本无声无臭,因此说是'微';按照人心去做,就有许多不安稳之处,因此说是'惟危'。"

有人问:"在《论语》上,孔子说:'中人以下,不可以语上',向愚蠢的人讲高深的学问,都不能使他们进步,何况是什么都不与他们讲?"

先生说:"并非圣人不给他们讲。圣人心中忧虑的是世人都不能做圣人,只是人的资质各不相同。所以施行教育时，不得不因人（材）施教，对于中等水平之下的人，即使和他讲性说命，他也不会理解，如此就需要慢慢开导、启发他。"

【故事】

孔子因材施教

孔子讲堂

洙泗书院旧称孔子讲堂，在曲阜城东北四公里处，相传孔子自卫返鲁后，曾在此删诗书、定礼乐、整理古籍。

两千多年前，中国伟大的思想教育家孔子，通过长期的教学实践，创造出了因材施教的方法。有一个流传甚广的经典故事，对孔子的"因材施教"做了生动有力的说明。

有一天，孔子的学生子路问他："先生所教的仁义之道，真是令人向往！我所听到的这些道理，应该马上去实行吗？"孔子说："你有父亲兄长在，你怎么能听到这些道理就去实行呢！"过了一会儿，另一个学生冉求也问了同样的问题，孔子却说："对，你应该听到后马上去实行。"学生们都被弄糊涂了，怎么同样的问题有不同的回答呢，这时，站在一边的公西华也很好奇，就问了孔子原因。孔子说："子路一向胆大好胜，勇武过人，容易鲁莽，所以我要他请示父兄，有意压压他。冉求为人懦弱，一向做事退缩，行动迟缓。所以我鼓励他大胆去干。"听了老师的解释，学生们释然

中国古代教育智慧

孔子讲学图

史书记载孔子弟子三千,成为贤才的有七十二人。孔子有高尚的人格风范和良好的教学方法。他主张以德为先,着力培养仁人君子。对学生因材施教,教学注重启发,提倡学与思并重,希望学生能举一反三,产生新知新见。孔门之教在古代被视为最佳的教学典范,影响深远。

了,都点头称是。

孔子常常根据学生的自身能力和特点,对不同的学生,采取不同的教导方式。这个故事就是孔子因材施教的教学方法的具体体现。实施因材施教的关键是对学生有深刻而全面的了解,准确地掌握学生各方面的特点,然后进行针对性教育。孔子就十分注重观察、研究学生。他采用的方法有"听其言而观其行"即通过观察和与学生谈话进行全面了解。正是由于对学生的充分了解,所以孔子的教育和教学就能够根据学生的实际水平和个性特点来进行。同样问"仁"、问"孝"、问"政",孔子的回答往往是难易、深浅、详略、繁简各不相同。如樊迟和颜回都问"仁",孔子回答樊迟是"爱人",回答颜回却是"克己复礼为仁"。

孔子弟子三千，跟孔子学习而精通六艺的就有七十七位。他们都是具有奇异才能的人。德行方而突出的有：颜渊、闵子骞、冉伯牛、仲弓。擅长处理政事的有：冉有、季路。语言方而有特长的是：宰我、子贡。在文章博学方面的突出的是子游和子夏。颛孙师性格偏激，曾参比较迟钝，高柴愚笨，仲由也就是子路，他比较勇武粗鲁，颜回一贫如洗却为学勤奋，是孔子最为得意的弟子，可惜英年早逝。端木赐善于雄辩，办事通达，曾任鲁、卫两国之相。他还善于经商之道，富致千金，是孔子众弟子中最富有的。可以说，孔子用惊人的教学成果，证明了因材施教的科学性和巨大的作用。所以，宋代大儒朱熹赞道："夫子教人，各因其才。"

具体问题具体分析，针对不同事物的不同特点，用不同的方法去解决矛盾。孔子因材施教的教学思想，在中国教育史上有较大的影响。

孔庙大成殿

大成殿是孔庙主体建筑，是祭祀孔子的中心场所。现存这座大成殿为清代雍正年间重建，殿高24.8米，宽45.8米，深24.9米，重檐九脊，黄瓦飞甍，雕梁画栋，气势雄伟，八斗藻井饰以金龙和玺彩图，双重飞檐正中竖匾上刻清雍正皇帝御"大成殿"三个贴金大字。

中国古代教育智慧

比干

比干（前1092年—前1029年），子姓，沬邑（今河南省卫辉北）人。一生忠君爱国，力图改良朝政。据传因强谏被纣王剖心而死。周武王克殷后封墓，北魏孝文帝时因墓立庙。比干之子坚公，周武王赐姓林，比干成为林姓的太始祖。

【原文】

问"志士仁人"章。

先生曰："只为世上人都把生命看得太重，不问当死不当死，定要宛转委曲保全，以此把天理却丢光了，忍心害理，何者不为。若违了天理，便与禽兽无异，便偷生在世上百千年，也不过做了千百年禽兽。学者要于此等处看得明白。比干、龙逢，只为他看得分明，所以能成就得他的仁。"

问："叔孙武叔毁仲尼，大圣人如何犹不免于毁谤？"

先生曰："毁谤自外来的。虽圣人如何免得？人只贵于自修，若自己实实落落是个圣贤，纵然人都毁他，也说他不着。却若浮云掩日，如何损得日的光明？若自己是个象恭色庄、不坚不介的，纵然没一个说他，他的恶慝终须一日发露。所以孟子说'有求全之毁，有不虞之誉。'毁誉在外的，安能避得？只要自修何如尔。"

【译文】

有人就《论语》"志士仁人"一章请教于先生。

先生说："只因世人将性命看得过重，也不问是否能死，一定要委曲地保全性命，因而丧失了天理。忍心伤害天理，还有什么事干不出来？若违了天理，就与禽兽无异了。即使在世上苟且偷生成百上千年，也不过做了成百上千年的禽兽。作为学者，必须在这些地方看清楚。比干、龙逢，只因他们看得清楚，因此，他们能成就他们的仁。"

有人问："《论语》中有一段'叔孙武叔毁仲尼'的记载，怎么连孔子这样的大圣人也免不了被人毁谤？"

先生说："毁谤是从外界来的，就是圣人也在所难免。人只应注重自身修养。若自己的的确确是一个圣贤，纵然世人都毁谤他，也不能说倒他，能将他怎么样？这就如同浮云遮日，浮云如何能损毁太阳的光辉？若自己是个外貌恭敬庄重，内里却空虚无德的人，纵然无人说他坏话，他隐藏的恶终有一天会暴露无遗。因此，孟子说：'有求全之毁，有不虞之誉。'毁誉来自外界，岂能躲避？只要能加强自身修养，外来的毁誉算得了什么？"

【原文】

刘君亮要在山中静坐。

先生曰："汝若以厌外物之心去求之静，是反养成一个骄惰之气了。汝若不厌外物，复于静处涵养，却好。"

王汝中、省曾侍坐。

先生握扇命曰："你们用扇。"

省曾起对曰："不敢。"

先生曰："圣人之学不是这等捆缚苦楚的。不是装做道学的模样。"

汝中曰："观'仲尼与曾点言志'一章略见。"

先生曰："然。以此章观之，圣人何等

秋林静坐图

此画为清代画家关槐所作。关槐，杭州人。乾隆四十五年（1780年）传胪，官礼部侍郎。词章翰墨，脱颖不群。画山水入宋、元之室，品诣在奚冈、屠倬之间。

中国古代教育智慧

溪隐图

此画为明代画家谢缙所作。谢缙,生卒年不详,字孔昭,号深翠道人,吴(今江苏苏州)人,寓居金陵二十余年。此图远山层叠延绵,湖面空阔平静,洲渚岸边,杂树葱郁,渔人泊船后向家中走去,围栏内,茅棚下,一女子席地而坐。用笔道劲秀逸、画面空灵而苍郁。

宽洪包含气象!且为师者问志于群弟子,三子皆整顿以对。至于曾点,飘飘然不看那三子在眼,自去鼓起瑟来,何等狂态!及至言志,又不对师之问目,都是狂言。设在伊川,或斥骂起来了。圣人乃复称许他,何等气象!圣人教人,不是个束缚他通做一般。只如狂者便从狂处成就他,狷者便从狷处成就他,人之才气如何同得?"

【译文】

刘君亮要在山中静坐。

先生说:"你若是以厌弃外物的心而去静中寻求,相反只会养成骄横怠惰的恶习。你若不厌弃外物,再到静处去涵养,如此就可以了。"

王汝中和黄省曾陪先生坐。

先生拿扇子给他们,说:"你们用扇子吧!"

黄省曾忙站起来答道:"不敢!"

先生说:"圣人的学问,不是如此束缚痛苦的,不用假装成一副道学的样子。"

汝中说:"从《论语》中'仲尼与曾点言志章'能看出大概。"

先生说:"正是。从这章可看出,圣人具有多么宽广博大的胸怀。先生询问弟子们的志向,子路、冉求、公西华都很严肃地做了回答,而曾点飘飘然,根本不把三个人放在眼里,独自弹瑟,这是何等的狂态!当他说志向时,不针对老师的问题直接回答,口出狂言。

若是程颐，或许早就是一番痛斥。圣人则一直称赞他，这是何等的气魄！圣人教育人不是死守一个模式，对于狂者就从狂处去成就他，对于洁身自爱者就从洁身自爱处去成就他。人的才能、气质怎能相同？"

【原文】

问"夭寿不贰"。

先生曰："学问功夫，于一切声利嗜好，俱能脱落殆尽，尚有一种生死念头毫发挂带，便于全体有未融释处。人于生死念头，本从生身命根上带来，故不易去。若于此处见得破，透得过，此心全本方是流行无碍，方是尽性至命之学。"

一友问："欲于静坐时，将好名、好色、好货等根，逐一搜寻，扫除廓清，恐是剜肉做疮否？"

先生正色曰："这是我医人的方子，真是去得人病根。更有大本事人，过了十数年，亦还用得着。你如不用，且放起，不要作坏我的方了。"

是友愧谢。

少间曰："此量非你事，必吾们稍知意思者为此主以误没。"

在坐者皆悚然。

【译文】

有人就"夭寿不二"的说法请教于先生。

先生说："做学问的功夫，对于一切声色名利和嗜好，都能摆脱殆尽。然而，若仍有一

虞山草堂步月诗意图

此画为清代画家钱杜所作。钱杜（1764年—1845年），字叔美，号松壶，钱塘（今浙江杭州）人。工诗书，善画山水、墨梅。此图以大密大疏之反差为特色，层层茂林，以精细的点法为之，卷云般的山石，与空旷的天地及白墙形成密不透风、疏可走马的强烈对比。画法融繁密与细腻为一体。

中国古代教育智慧

雪景山水图

此画为明代戴进所作,绘写雪景山水。图中山峰峻拔,岩石硬厚,山峦白雪皑皑,丛树凋零,近景高大松树苍郁挺立。行旅人物顶风冒雪,一队正行走在溪桥上,一队已达城楼前。全景构图。画山石笔墨放纵,线条外形多变,侧中锋兼用,画树木则硬笔刚线。画法融马、夏之笔意,又自具苍劲雄浑之貌。

种贪生怕死的念头存留在心,就不能和整个本体融合。人的生死之念,原本是从生身命根上带来的,因此不能轻易去掉。如果在此处能识得破、看得透,这个心的全体才是畅通无阻的,这才是尽性至命的学问。"

有位朋友问:"想在静坐之时,将好名、好色、好货等病根逐一搜寻出来,彻底荡涤干净,恐怕又是割肉疗伤吧?"

先生严肃地说:"这是我为人治病的药方,能完全铲除人的病根。即使他的本领再大,十几年之后,依然用得上。如果你不用,就收起来,不要败坏我的药方。"

这位朋友十分惭愧地向先生道了歉。

过了一会儿,先生说:"大概这也不是你的错,必定是对此主张略懂一些的学生对你讲的,这倒是耽误了你。"

其时,在座的各位都有所汗颜。

【原文】

或问至诚前知。

先生曰:"诚是实理,只是一个良知。实理之妙用流行就是神,其萌动处就是几,诚神几曰圣人。圣人不贵前知。祸福之来,虽圣人有所不免。圣人只是知几,遇变而通耳。良知无前后,只知得见在的几,便是一了百了。若有个前知的心,就是私心,就有趋避利害的意。邵子必于前知,终是利害心未尽处。"

【译文】

有人就《中庸》上的"致诚前知"请教于

先生。

先生说:"诚是实理,只是一个良知。实理产生的奇妙作用就是神,它的萌发处就是几,具备诚神几的人叫圣人。圣人对预知不怎么重视。祸福降临,即便圣人也在所难免。圣人只知晓契机,善于应付各种变化。良知无前后之分。只要能知晓现在的契机,就能一了百了。若有一个预知的心,就为私心,即是趋利避害的意思。邵雍一定要预先知道一切,就是因为他那趋利避害的私心没有彻底铲除。"

【原文】

先生曰:"无知无不知,本体原是如此。譬如未尝有心照物,而自无物不照。无照无不照,原是日的本体。良知本无知。今却要有知。本无不知,今却疑有不知。只是信不及耳。"

先生曰:"惟天下之圣为能聪明睿知,旧看何等玄妙,今看来原是人人自有的。耳原是聪,目原是明,心思原是睿知。圣人只是一能之尔。能处正是良知。众人不能,只是个不致知。何等明白简易!"

【译文】

先生说:"本体原本就是无知无不知的。这好比太阳,它无意去照射宇宙间万物,但又无物不照射。无照无不照原本就是太阳的本体。良知本来是无知的,如今却要它有知,良知本来是无不知的,如今却怀疑它有不知。这些只是因不能完全相信良知罢了。"

武夷放棹图

此画为元末画家方从义所作,表现的是福建武夷山胜景。图上奇峰突起,山下层林断岸,溪涧幽深,一叶轻舟飘流游览。全幅布局奇特,得武夷九曲之险。

中国古代教育智慧

周公像

周公姓姬名旦，亦称叔旦，周文王姬昌第四子，周武王的同母胞弟。因封地在周，故称周公或周公旦。是西周初期杰出的政治家、军事家和思想家，被尊为儒学奠基人，孔子一生最崇敬的古代圣人之一。

先生说："《中庸》中的'惟天下之圣为能聪明睿知'这句话，从前看时觉得它玄妙莫测。如今看来，它原是人人本有的。耳原本就聪，目原本就明，心原本就睿智。圣人唯一种才能，即'致良知'。普通人不能做到这点，只是因为没有致良知。这是多么明白简易啊！"

【原文】

问："孔子所谓'远虑'，周公'夜以继日'，与将迎不同何如？"

先生曰："远虑不是茫茫荡荡去思虑，只是要存这天理。天理在人心，亘古亘今，无有终始。天理即是良知，知思万虑，只是要致良知。良知愈思愈精明，若不精思，漫然随事应去，良知便粗了。若只着在事上茫茫荡荡去思，教做远虑，便不免有毁誉、得丧、人欲搀入其中，就是将迎了。周公终夜以思，只是'戒慎不睹，恐惧不闻'的功夫。见得时，其气象与将迎自别。"

【译文】

有人问："孔子所谓的'远虑'，周公所谓的'夜以继日'与迎来送往有什么区别？"

先生说："远虑并不是不着边际地去思考，只是要存这个天理。天理存留于人心中，且亘古亘今，无始无终。天理就是良知，万虑千思也只是要致良知。良知是越思索越精明。若不深思熟虑，只是随随便便地随事情转，良知就变得粗陋了。若以为远虑就是在事情上不着边际地思考，就不免有毁誉、得失、私欲掺杂其间，也就是迎来送往了。周公整夜地思考，仅一个'戒慎不睹，恐惧不闻'的功夫。认识了这一点，周公的气象与迎来送往自有分别。"

【原文】

问："'一日克己复礼，天下归仁'，朱子作效验说，如何？"

先生曰："圣贤只是为己之学，重功夫不重效验。仁者以万物为体。不能一体。保己是私未忘。全得仁体，则天下皆归于吾仁，就是'八荒皆在我闼'意。天下皆与，其仁亦在其中。如'在邦无怨，在家无怨'，亦只是自家不怨。如'不怨天，不尤人'之意。然家邦无怨，于我亦在其中。但所重不在此。"

【译文】

有人问："在《论语》中，孔子说了'一日克己复礼，天下归仁'这句话，朱熹主张是就效验而言的，不知是否正确？"

先生说："圣人只是一个克己之学说，只重视上夫而轻视效验。仁者与万物为一体。不能与万物一体，只因没有忘掉私欲。我若能获得全部的仁，那么，天下都将归于我的仁中，也就是'八荒皆在我闼'的意思。天下都能做到仁，我的仁也在其中了。比如'在邦无

岳麓书院文庙

岳麓书院文庙是全国规模最大、建筑规格最高的书院文庙。按照中国古代的教育制度，凡办学的地方就要祭祀孔子。祭孔的建筑统称文庙，或孔庙。但文庙的规格有等级之分，官办的学官可以有独立的文庙，建筑可以享受皇家建筑的等级待遇，红墙黄瓦。而民办的书院则只能在书院内建一座殿堂来祭祀孔子，不能有独立的文庙。岳麓书院这座民办的书院却有着和学官一样独立的文庙，而且也是皇家建筑的等级，这在全国书院中是独一无二的。

中国古代教育智慧

柳下惠

柳下惠（前720年—前621年），本姓展，名获，字禽，是鲁孝公的儿子公子展的后裔。柳下惠做过鲁国大夫，后来隐遁，成为"逸民"，后世尊为"和圣"。柳下惠被认为是遵守中国传统道德的典范，他"坐怀不乱"的故事历代广为传颂。

怨，在家无怨'，仅是自己没有怨恨。与'不怨天，不尤人'的意思相近。但是，家邦皆无怨，我也就在其中了。然而，这并不是该重视的地方。"

【原文】

问："孟子巧、力、圣、智之说，朱子云：'三子力有余而巧不足。'何如？"

先生曰："三子固有力，亦有巧。巧、力实非两事，巧亦只在用力处，力而不巧，亦是徒力。三子譬如射，一能步箭，一能马箭，一能远箭。例子射得到俱谓之力，中处俱可谓之巧。但步不能马，马不能远，各有所长，便是才力分限有不同处。孔子则三者皆长。然孔子之和只到得柳下惠而极，清只到得伯夷而极，仁只到得伊尹而极，何曾加得些子。若谓'三子力有余而巧不足'，则其力反过孔子了。巧、力只是发明圣、知之义，若识得圣、知本体是何物，便自了然。"

【译文】

有人问："孟子主张巧、力、圣、智之说，朱熹认为是'三子力有余而巧不足'，不知这种理解是否正确？"

先生说："三个人（伯夷、伊尹、柳下惠）固然有力，也有巧。巧和力并非两回事。巧也只在用力处，有力而无巧，只是空有其力。他们三个人若用射箭作比，就是一人能步行射，一个能骑马射，一人能远射。他们能射到目标所示处，就可以称为力；他们能命中目标，就可以称为巧。然而，步行射的不能骑马射，骑马射的不能远射，各有所长，这就是才力各有不同。孔子则兼有三个人的长处，但他的随和只能达到柳下惠那样的程度；他的清高只能达到伯夷那样的程度；他的以天下为己任的心情只能达到伊尹那样的程度，未曾再添加什么。如果像朱熹说的'三子力有余而巧不足'，那么，他们的力反而比孔子还多。巧、力只是为了对圣、智作良好阐释。若明白了圣、智的本体是什么，自然就能理解了。"

【原文】

先生曰："'先天而天弗违'，天即良知也。'后天而奉天时'，良知即天也。

"良知只是个是非之心，是非只是个好恶。只好恶就尽了是非，只是非就尽了万事万变。"

又曰："是非两字是个大规矩，巧处则存乎其人。"

"圣人之知如青天之日，贤人如浮云天日，愚人如阴天霾天日，虽有昏明不同，其能辨黑白则一。虽昏黑夜里，亦隐隐见得黑白，就是日之余光未尽处。困学功夫，亦是从这点明处精察去耳。"

【译文】

先生说："'先天而天弗违'，因为天即良知；'后天而奉于时'，因为良知即天。

"良知仅是判别是非的心，是非仅是个好恶。明白好恶就穷尽了是非，穷尽了是非就穷

传习录的教育智慧

伯牙鼓琴图（部分）

此画为元代画家王振鹏所作。王振鹏，生卒年不详，字朋梅，号孤云处士，永嘉人。官至漕运千户，总管江阴、常熟一带航运。工墨笔画、人物，因画艺精湛，深得元仁宗赏识，赐号孤云处士。《伯牙鼓琴图》画春秋时伯牙、钟子期的故事。见《列子·汤问》："伯牙善鼓琴，钟子期善听。伯牙鼓琴，志在登高山，钟子期曰：善哉，峨峨兮若泰山！志在流水，曰：善哉，洋洋兮若江河！"此图画伯牙鼓琴，钟子期聆听，画面呈对称结构，人物神情生动，笔法流利劲健。

中国古代教育智慧

王阳明像

王阳明是明代著名的思想家、政治家、教育家、军事家和诗人,赐封新建伯,卒谥文成。王阳明不仅文韬武略,还是一位治世能臣。清代名士王士祯称赞他"明代第一流人物,立德、立功、立言,皆绝顶"。

尽了万物的变化。"

先生又说:"是非两个字是一个大规矩,能否灵活应用,只能因人而异了。"

"圣人的良知如同晴空中的太阳,贤人的良知如同有浮云的天气,愚人的良知如同阴霾的天气。虽然他们昏浊清明的程度不同,但辨别黑白则是一致的。即使在昏黑的夜晚,也能隐约看出黑白,这是因为太阳的余光还未完全消失。在逆境中学习的功夫,也只是从这一点光明处去细致观察。"

【故事】

王阳明的良知故事

有一次,王阳明平定了一帮土匪,就抓来强盗头子问话,没想到这个阶下囚还有点见识,听说过王阳明的"致良知"的学说,嗤笑王阳明:"王大人,你说人人都有良知,我却不以为然。人不为己,天诛地灭,我们强盗土匪,杀人越货,根本没有良知良心!"王阳明没有答话解释,不动声色,让手下把这个强盗的上身脱光,把这个强盗下身的裤子也脱了,大家都不解其意,王阳明让士兵继续脱强盗的裤衩,强盗头子慌了,捂着裤衩道:"大人,这个不能脱!怎么见人啊!"王阳明笑了:"你不是没有良知吗,这就是良知!"这个人惭愧地低下了头,再也不说话了。

人都有羞耻之心,这就是一个人的良知了,所以王阳明借用《孟子》里面的话,认为我们的心体就是"良知",它在我们内心,并且与整个宇宙万物融为一体。

在王阳明看来,良知是生来具有的,穿不穿裤子是一回事,穿裤子只是一个假借,是一个事相,而良知隐藏在背后——人会感到羞耻,和人会为不穿衣服而羞耻这件事是两回事。也就是说,人有"知"羞的本性,穿衣服却不见得是本性。

王阳明的四句歌说清楚了这其中的差别:"无善无恶心之体,有善有恶意之动;知善知恶是良知,为善去恶是格物。""知善知恶是良知"中提到的良知,是一种心体的功能,而不是说一些风俗的事相,如是否穿裤子,是否抢劫,是否偷窃等。

王阳明所说的"良知",既是道德意识,也指最高本体。他认为,良知人人具有,个个自足,是一种不假外力的内在力量。"致"和"良知"结合在一起,就是王阳明的心学主旨。"致"是在事上磨炼,见诸客观实际,"良知"是"知是知非"的"知","致良知"就是将良知推广扩充到万事万物。"致良知"也就是知行合一。"致良知"即在实际行动中实现良知,做到知行合一。

王阳明墓

王阳明墓位于绍兴兰亭镇花街村鲜虾山南坡。明嘉靖七年(1528年),王阳明于南赣归途中病卒,由其弟子王畿、钱德洪扶榇归越,营葬山阴故里。清康熙五十四年(1715年)知府俞卿重修。清乾隆帝亲书"名世真才"碑。后长期荒芜,仅留封土拱木。1989年政府拨款重修竣工。墓向南,石砌墓圈,径10米,墓碑横镌隶书"明王阳明先生之墓"八个字。墓前建有半月形及矩形平台,墓道长70米,宽23米。

第七篇 《训蒙大意示教读》

选编

【原文】

古之教者,教以人伦。后世记诵词章之习起,而先王之教亡。今教童子,惟当以孝、弟、忠、信、礼、义、廉、耻为专务。其栽培涵养之方,则宜诱之歌诗以发其志意,导之习礼以肃其威仪,讽之读书以开其知觉。今人往往以歌诗、习礼为不切时务,此皆末俗庸鄙之见,乌足以知古人立教之意哉?大抵童子之情,乐嬉游而惮拘检,如草木之始萌芽,舒畅之则条达,摧挠之则衰痿。今教童子必使其趋向鼓舞,中心喜悦,则其进自不能已。譬之时雨春风,沾被卉木,莫不萌动发越,自然日长月化。若冰霜剥落,则生意萧索,日就枯槁矣。故凡诱之歌诗者,非但发其志意而已,亦所以泄其跳号呼啸于咏歌,宣其幽抑结滞于音节也。导之习礼者,非但肃其威仪而已,亦所以周旋揖让而动荡其血脉,拜起屈伸而固束其筋骸也。讽之读书者,非但开其知觉而已,亦所以沉潜反复而存其心,抑扬讽诵以宣其志也。凡此皆所以顺导其志意,调理其性情,潜消其鄙吝,默化其粗顽。日使之渐于礼仪而不苦其难,入于中和而不知其故,是盖先王立教

书院

书院起源于唐代,兴盛于宋代,是中国古代教育史、学术史上具有重要地位的教育组织形式,从唐中叶到清末,经历了千年之久的办学历史,并形成了一套独具特色的办学形式、教授方法、管理制度等教育模式,使源远流长的传统私学趋于成熟和完善。书院大多是自筹经费,建造校舍。教学采取自学、共同讲习和教师指导相结合的形式进行,以自学为主。它的特点就是为了教育、培养人的学问和德性,而不是为了应试,获取功名。

北宋时,以讲学为主的书院日渐增多。南宋时随理学的发展,书院逐渐成为学派活动的场所。宋代最著名的有四大书院:江西庐山的白鹿洞书院、湖南长沙的岳麓书院、河南商丘的应天府书院、河南登封的嵩阳书院。

之激意也。若近世之训蒙稚者，日惟督以句读课仿，责其检束而不知导之以礼，求其聪明而不知养之以善，鞭挞绳缚，若待拘囚。波视学舍如囹狱而不肯人，视师长如寇仇而不欲见，窥避掩覆以遂其嬉游，设诈饰诡以肆其顽鄙，偷薄庸劣，日趋下流。是盖驱之于恶而求其为善也，何可得乎？凡吾所以教，其意实在于此。恐时俗不察，视以为迂，且吾亦将去，故特叮咛以告。尔诸教读其务体吾意，永以为训，毋辄因时俗之言，改废其绳墨，庶成"蒙以养正"之功矣。

念之念之！

【译文】

古时候的教育，讲授的是以人伦道德为内容，以后兴起了记诵词章的风气，因而先王的教育之义也就不存在了。现在教育学生，应该把孝、悌、忠、信、礼、义廉、耻作为唯一的内容。有关教育的方法，应当通过咏诗唱歌来激发他们的志趣，引导他们学习礼仪，借以严肃他们的仪容；教导他们读书，借以开发他们的智力。如今，人们常常认为咏诗习礼不合时宜。这种观点极其庸俗鄙陋，他们又岂能明

白鹿洞书院教条

《白鹿洞书院教条》不但体现了朱熹以"格物、致知、诚意、正心、修身、齐家、治国、平天下"等一套儒家经典为基础的教育思想，而且成为南宋以后中国封建社会七百年书院办学的样式，也是教育史上最早的教育规章制度之一。

中国古代教育智慧

白鹿洞书院

白鹿洞书院,位于今江西省庐山五老峰南麓。初为私人读书养性之所,唐代贞元年间(785年—804年),李勃与其兄李涉在庐山读书,曾养白鹿以自娱,因此得名。白鹿洞书院是我国宋代最高学府之一,始建于唐,宋代理学家朱熹重建书院,并亲自讲学。在它兴教以来,延续一千余年,被誉为被誉为"海内书院第一""天下书院之首"。白鹿洞书院与当时的岳麓书院、应天府书院、嵩阳书院并称为"四大书院"。

白古人推行教育的本意。一般而言,少年儿童的性情是爱嬉戏玩耍而讨厌约束,犹如草木刚萌芽,让它舒畅地生长就能迅速发育,以至枝繁叶茂;若对其摧残压抑,它们只会衰弱枯竭。今天,对少年儿童实施教育,千万要使他们欢欣鼓舞,内心愉悦,他们的进步自不会停止。有如春天的和风细雨,滋润了花草树木,它们抽枝发芽,自会茁壮生长。若经过冰霜的侵袭冻结,其生气受到挫伤,只会逐渐枯萎。所以,通过咏诗唱歌的帮助,不仅是为了激发他们的志趣,也是为了使他们在咏唱中生发蹦跳呼喊的情绪;在抑扬顿挫的音节中抒发忧郁呆板的感情,引导他们学习礼仪,不仅是为了严肃他们的仪容,也是为了使他们在揖让叩拜中活动血脉,强筋健骨。教导他们读书,不仅是为了开发他们的智力,也是为了使他们在反复的钻研中修身养性,在抑扬的阅读中明确志向。这一切都是为了在他们的志向上因势利导,在性情中调理保养,通过潜移默化,消除他们的鄙吝和鲁莽愚顽。这样,使他们的行为渐渐符合礼仪标准,但不感到难受,在不知不觉中性情达到了合宜适中。这就是先王推行教育的深刻内涵。近代那些教育儿童的人,每天只是督促学生练习句读和课业,要求他们约束自己,而不知道以礼仪来诱导他们;只希望他们聪明灵巧,却不知道以善来培养他们;把犯错的学生当囚犯看待,只知道鞭打绳捆。如此,少年儿童只把学校当成监狱而不肯上学,

传习录的教育智慧

岳麓书院讲堂

把老师当成仇人而不想看到。于是，他们就借机逃学，以便嬉戏耍闹，撒谎捣蛋，以便能肆意顽皮，逐渐趋向轻薄下流。如此，就在无意中驱使他们作恶，但又希望他们为善，二者只会抵触，岂能行得通？我的教学观点，其用意正在此处。我忧虑世人不理解，把我当成迂腐。再者，我即将离开此地，所以，我特地再三叮嘱，希望你们这些为人师表者，一定要理解我的用意，并永远遵守，不要因为世欲的言论而更改了我制定的规矩，这一切也许能起到"蒙以养正"的功效。

千万谨记在心！

讲堂位于书院的中心位置，是书院的教学重地和举行重大活动的场所，也是书院的核心部分。庭内"忠孝廉节"四个大字为宋代大儒朱熹题写。大厅中央悬挂两块鎏金木匾：一为"学达性天"，由康熙皇帝御赐，意在勉励张扬理学，加强自身的修养；二为"道南正脉"，由乾隆皇帝御赐，它是皇帝对岳麓书院传播理学的最高评价，表明了岳麓书院在中国理学传播史上的地位。

中国古代教育智慧

范仲淹

范仲淹（989年—1052年），北宋名臣、文学家，字希文，谥号文正，苏州人。宋真宗大中祥符八年（1015年）进士。宋仁宗时守卫西北边疆，遏制了西夏军的侵扰；在政治上积极主张改革，为当时著名政治家。官至枢密副使、参知政事。其文章诗词有《岳阳楼记》等名篇传诵于世，著有《范文正公集》。

第八篇 《神而明之教约》

选编

【原文】

每日清晨，诸生参揖毕，教读以次遍询诸生：在家所以爱亲敬长之心，得无懈忽未能真切否？温凊定省之仪，得无亏缺未能实践否？注来街衢步趋礼节，得无放荡未能谨饬否？一应言行心术，得无欺妄非僻未能忠信笃敬否？诸童子务要各以实对，有则改之，无则加勉。教读复随时就复，曲加诲谕开发，然后各退就席肄业。

凡歌诗，须要整容定气，清朗其声音，均审其节调，参躁而急，参荡而嚣，参馁而慑。久则精神宣畅，心气和平矣。每学量童生多寡分为四班。每日轮一班歌诗，其余皆就席敛容肃听。每五日则总四班递歌于本学。每朔望集各学会歌于书院。

凡习礼需要澄心肃虑，审其仪节，度其容止，参忽而惰，忽沮而怍，忽泾而野，从容而不失之迂缓，修谨而不失之拘局。久则礼貌习熟，德性坚定矣。童生班次皆如歌诗。每间一日则轮一班习礼，其余皆就敛容肃观。习礼之日，免其课仿。每十日则总四班递习于本学，每朔望则集各学会习于书院。

· 172 ·

传习录的教育智慧

凡授书不在徒多，但贵精熟。量其资禀，能二百字者止可授以一百字，常使精神力量有余，则无厌苦之患，而有自得之美。讽诵之际，务令专心一志，口诵心惟，字字句句，紬绎反复。抑扬其音节，宽虚其心意。久则义礼浃洽，聪明日开矣。

每日工夫，先考德，次背书诵书，次习礼或作课仿，次复诵书讲书，次歌诗。凡习礼歌诗之数，皆所以常存童子之心，使其乐习不倦，而无暇及于邪僻。教者如此，则知所施矣。虽然，此其大略也。"神而明之，则存乎其人。"

【译文】

每天清早，学生拜见行拱手礼后，老师要依序向每位学生提问：居家时爱亲敬长方面，是松懈疏所还是情真意切？温清定省的礼节方面，是欠缺还是在实践着？在路上行走时，是否能谨慎注意而无任何放荡之处？一切言行心术，是欺妄怪僻还是忠信笃实？每位学生要求如实回签，有则改之，无则加勉。老师要随时给学生以委婉的教导和启发，然后，让学生

应天府书院

应天府书院，又名睢阳书院，位于河南商丘县西北。北宋大中祥符二年（1009年），府民曹诚捐款在宋初名儒戚同文故居扩建而成，朝廷赐额"应天府书院"。晏殊等人大力扶持，著名政治家、文学家范仲淹等一批名人名师在此任教，显盛一时。故范仲淹称"天下庠序由兹始"。景祐二年（1035年），以应天府书院为府学，书院被纳入官学系列。范仲淹曾在应天书院求学、主持执教，他称应天府书院，"天下庠序，视此而兴"，其影响绵延数代。

中国古代教育智慧

嵩阳书院

嵩阳书院，位于河南登封县太室山麓。创建于北魏孝文帝太和八年（484年）时，时称嵩阳寺，至隋代改为嵩阳观，宋仁宗景祐二年（1035年），名为嵩阳书院，以后一直是历代名人讲授经典的教育场所。宋代理学的"洛学"创世人程颢、程颐兄弟都曾在嵩阳书院讲学。嵩阳书院从五代后唐到清代末年，经历了近千年的讲学历史，是书院中的佼佼者，对传播中华民族和培养造就人才发挥了重要的教育作用。

各自回到座位上学习。

唱歌咏诗时仪容要整洁，心气安定。声音明朗，节奏匀称，不争不躁，不狂不荡，不因畏难而气馁。久而久之，学生一到学校自然精神饱满，心平而气和了。每所学校依据学生的多少分成四班，每天安排一个班唱歌咏诗，其余的都在座位上神情严肃地静听。第五天时，让四个班在学校里一个班接一个班地唱咏。农历的每天初一、十五，把各学校召集起来在书院里会歌。

练习礼仪，必须做到静心、严肃。老师要认真观察学生的礼仪细节，审查学生的容貌举止，不容疏忽，不容懒惰，不容自满，不容羞怯，不容随意，不容粗野。做到从容不迫，但不迂腐迟缓；修行谨慎，但不拘束紧张。时间一长，礼貌自然能纯熟，德性自能坚定。学生的班次有如歌咏。相隔一天，就轮到一个班练习礼仪，其余的都在座位上神情严肃地静静观瞧。练习礼仪的那一天，可以免去作课外练习。每十天就让四个班在学校依次练习礼仪，农历的每月初一、十五召集各学校在书院一起练习礼仪。

老师讲授功课不在数量多少，贵有精熟与否。依据学生的资质，能认识两百字的，只能教他认一百字。让学生的精神力量常有富足，那么，他们就不会因为新知识而讨厌学习，相反会因有自我收获则愿意学习。诵读时，一定要让学生专心致志，口读心想，一字一句，反复玩味。音节要抑扬顿挫，思想要宽广虚静。久而久之，学生自会礼貌待人，智慧与日俱增。

每天做功夫必须首先考察其德性，而后依次为背书、诵书，练习礼仪或做课业练习，读书讲书、唱歌咏诗。大凡练习礼仪，唱歌咏诗等，均是为了经常保养学生的童心，使他们乐于学习而不感到厌倦，没有空余时间去干歪门斜道的事。老师们认识到了这一点，也就知道该怎样教育学生了。即使如此，此处也只做了一个大概的述说。毕竟，"神而明之，则存乎其人。"这句可谓至论。

传习录的教育智慧

程颢

程颢（1032年—1085年），宋代理学家、教育家。字伯淳，人称明道先生，河南洛阳人。与程颐为同胞兄弟，世称"二程"。